TABLEAU

DE

LA MARCHE ET DES PROGRÈS DE LA LANGUE ET DE LA LITTÉRATURE FRANÇAISES;

DEPUIS

LE COMMENCEMENT DU XVIe SIÈCLE

JUSQU'EN 1610.

TABLEAU

DE

LA MARCHE ET DES PROGRÈS DE LA LANGUE ET DE LA LITTÉRATURE FRANÇAISES;

DEPUIS

LE COMMENCEMENT DU XVIe SIÈCLE JUSQU'EN 1610;

DISCOURS QUI A PARTAGÉ LE PRIX D'ÉLOQUENCE, DÉCERNÉ PAR L'ACADÉMIE FRANÇAISE, DANS SA SÉANCE PUBLIQUE DU 25 AOUT 1828;

PAR M. PH. CHASLES.

> Destati, pigro ingegno, da quel sonno,
> Destati omai!....
>
> Lorenzo di Medici. (*l'Altercazione.*)
>
> Génie, éveille-toi! sors de la langueur
> qui t'accable.
>
> Laurent de Médicis,
> (La dispute, *poëme philosophique.*)

A PARIS,

DE L'IMPRIMERIE DE FIRMIN DIDOT,

IMPRIMEUR DU ROI ET DE L'INSTITUT, RUE JACOB, N° 24.

M DCCC XXVIII.

L'auteur du discours suivant n'a trouvé, dans le programme de l'Académie française et dans les explications qui accompagnent l'énoncé de la question, aucune mesure fixe, imposée aux concurrents, quant à l'étendue de leur travail. Il s'est donc cru obligé, tout en se renfermant dans l'étude d'un sujet très-vaste, de dépasser les bornes ordinaires d'un discours académique : il eût été difficile d'embrasser tous les développements littéraires qui naissaient d'eux-mêmes d'une matière aussi féconde, sans y faire entrer des détails, des citations et des preuves assez multipliées; sans s'occuper des principaux auteurs qui, nés à la fin du quinzième siècle, ont influé sur le seizième, et se confondent avec les écrivains du commencement de ce dernier siècle; enfin, sans noter avec exactitude ces variations dans les formes du langage, impossibles à faire connaître autrement que par l'analyse, toujours plus lente que les procédés de la synthèse et des aperçus généraux.

DISCOURS

SUR

LA MARCHE ET LES PROGRÈS DE LA LANGUE ET DE LA LITTÉRATURE FRANÇAISES,

DEPUIS

LE COMMENCEMENT DU XVIe SIÈCLE

JUSQU'EN 1610.

Louis XI venait d'expirer. Les Français, conduits par Charles VIII, se précipitaient sur l'Italie. Le luxe, les arts, inconnus au reste de l'Europe, florissaient dans cette contrée : cités commerçantes, républiques souveraines, villes libres et pacifiques ; tous les prodiges de la Grèce antique avaient reparu sous un ciel nouveau. Des paysans grossiers n'y courbaient pas leurs fronts sous la lance des seigneurs, comme en France, en Angleterre, en Allemagne. L'opulence, née du commerce ; les arts, nés de l'industrie ; la grace et l'élégance des mœurs y régnaient, protégés par la magnificence des princes, l'indépendance des bourgeois et la majesté de la religion. Là, s'élevaient à la fois, Rome, conquérante du monde et par les armes et par la pensée ; Naples, où le feu sacré des lettres ne s'éteignit jamais ; Venise, qui déja voilait de mystères ses voluptés, son ambition et sa politique (1) ; Milan et ses palais de marbre ; et Florence, ville des sciences, des amours et de la liberté (2), patrie de Dante et de Médicis. L'art augmentait encore la fécondité de ces belles

(1) V. la Description de Venise, par Comines, liv. 6.

(2) Dante, Purgatorio.

campagnes, que la vigne et l'olivier couvraient, depuis le sommet des Apennins jusqu'aux bords de l'Océan.

Spectacle merveilleux pour les fils des Duguesclin et des Lahire, dont le pays était presque sauvage, le génie mobile et ardent, mais peu cultivé, et le langage encore informe. A peine arrivés en Italie, ils l'avaient conquise à la course. Point de siéges, point de batailles; la surprise avait tenu lieu de défaite; vainqueurs et vaincus se contemplaient avec un étonnement mutuel. On vit nos chevaliers s'arrêter long-temps à Florence et s'enivrer de ses délices. Elle venait de recueillir le dernier souffle de la littérature grecque, née avec Hésiode et Homère; et qui, après tant de siècles d'existence, avait enfin expiré sur les débris de l'empire d'Orient. Là, brillait encore la lampe savante, allumée par les veilles de Politien, dans ces palais où le banquet en l'honneur de Platon se celébrait tous les ans; où les jeunes filles dansaient, en répétant les chansons populaires composées par les Médicis; où Pulci raillait la gloire et la grandeur devant ses maîtres glorieux. Quand les Français quittèrent Florence, qui couvrait la mer de ses navires, les rivages de ses comptoirs, et prêtait des millions aux rois, le reste de l'Italie leur offrit la même splendeur, le même idiome, à la fois sonore, plein de grace et de mollesse; le même respect pour les arts, et le même culte du génie. Le monde et les siècles passés semblaient tributaires d'un seul peuple. Des lagunes de Venise aux marchés de Milan, ces barques qui sillonnent les fleuves portent et reportent sans cesse les blés de la Lombardie en échange des tissus orientaux et des martres du Caucase. On voit aborder, sur les rives de la mer de Tyrrhène et de l'Adriatique, de nombreux navires, qui viennent y débarquer les trésors de toutes les zones, les parfums de l'Inde, les manuscrits achetés dans les couvents des Hébrides, les médailles et les livres recueillis dans les monastères d'Asie, et les statues grecques, modèles inspirateurs du jeune enthousiasme de Michel-Ange.

L'Italie avait dû sa maturité précoce au grand souvenir de Rome et à la toute-puissance de ses pontifes. Les dernières lueurs de la civilisation antique étaient venues se concentrer dans le sanctuaire du culte chrétien : telle on voit la clarté mourante de l'astre du jour rayonner encore sur le dôme de Saint-Pierre, quand l'obscurité couvre la ville éternelle. Pendant que l'heptarchie saxonne et le joug mérovingien pesaient sur le reste du monde, rien n'avait pu étouffer le génie de la liberté italienne, réfugié dans les grottes des Abbruzes. On l'y avait vu se conserver intact, grandir au milieu des querelles gibelines et guelfes ; profiter des disputes de la tiare et de l'empire; dominer la féodalité expirante, et, quand les croisades lui offrirent le commerce du monde à exploiter, devenu le maître de toutes les richesses et le facteur des deux hémisphères, forcer l'opulence du midi et la pauvreté du nord de concourir à sa grandeur.

Alors l'Italie, régénérée, produisit une race nouvelle d'hommes de génie ; elle eut son nouveau langage et sa gloire moderne, rivale de sa gloire antique. Dante, l'Homère du christianisme, s'éleva comme un colosse sur les limites de la poésie païenne, dont il conserva le grand caractère; de la poésie chrétienne, dont il a toute la mystique profondeur. Arioste et le Tasse ne devaient naître qu'au seizième siècle; mais Boccace et Pétrarque avaient brillé d'un éclat plus vif que les rois eux-mêmes : leur talent avait reçu les adorations du peuple; le Capitole avait ouvert ses portes à l'amant de Laure; son antichambre s'était remplie d'ambassadeurs de rois, et le pouvoir avait flatté le génie.

Tels étaient les exemples, les modèles, les sujets d'admiration offerts à nos guerriers. Ils en profitèrent et en abusèrent. Vingt fois l'Italie fut dévastée par leurs armes; la conquête d'un de ses duchés nous coûta plus d'hommes et de trésors, qu'il n'en fallait pour peupler et fonder un empire. Opposant à la fougue de leur courage, la sagacité de sa politique, l'Italie, toujours vaincue et jamais conquise, nous communiqua ses lumières avec ses vices. On vit s'unir dans nos mœurs, le raffinement et la rudesse, la barbarie et l'affectation, l'amour des lettres et les crimes de l'ignorance. Nos ancêtres, au lieu d'asservir ce beau pays, furent, pendant un siècle, soumis à son influence, vassaux de sa politique et copistes de ses mœurs.

Au sein de la France encore barbare, un vieux génie populaire et national, dont la source est obscure, mais qui ne s'est jamais perdu ni effacé, régnait dans toute sa franchise, vers la fin du quinzième siècle. S'il fallait l'analyser avec exactitude, et non l'indiquer avec clarté, nous renoncerions à une tâche qui nous offrirait peu de chances de succès; mais quiconque a parcouru les *Fabliaux* du trouvère *Rutebœuf*, le *Castoyement des Dames*, la satire antique du moine Guyot (1), les fragments de sermons de nos prédicateurs du moyen âge, y a reconnu cette vivacité d'esprit dont la causticité semble inséparable; cette ironie raisonneuse, et cet art de faire ressortir le ridicule, art déja sensible dans les premiers essais de notre langue qui bégaie encore. Finesse dans l'observation; talent de raconter avec détail et avec grace; narration facile, égayée par des traits plus comiques que décents; quelque chose de nonchalant et de malin à la fois dans la pensée et dans le style: tels étaient les caractères principaux, dont se composait notre antique génie, quand le spectacle brillant des mœurs italiennes vint nous surprendre et nous éblouir. Ce fut alors que ce vieil esprit français, subissant des révolutions nombreuses, cédant à des influences diverses, et tour à tour modifié par les exemples étrangers, par l'érudition, par les passions religieuses et politiques, par les guerres civiles, changea de forme sans changer de nature, et étonna les regards par la prodigieuse variété de ses métamorphoses.

(1) Nommée *Bible Guyot*.

Alors se prépara, sans s'accomplir, la fixation de notre langage. Des essais multipliés, bizarres, contradictoires, épurèrent, enrichirent, compliquèrent cet idiome, qui, sorti d'une longue épreuve, devint le plus exact de tous les idiomes connus. On vit, pendant ce laps de cent années, fécondes en orages, en troubles, en révolutions, beaucoup de tentatives, de réformes et d'expériences hasardées; des perfectionnements réels, mais lents, incomplets ou irréguliers; enfin, beaucoup d'hommes de talent, lutter contre leur siècle, et souvent succomber dans cette lutte. Période pleine d'intérêt, de mouvement et de vie; où tout se forme, où rien n'est achevé; époque littéraire digne de l'examen du critique et du philosophe; elle trompe l'observation la plus attentive, par la mobilité même, le désordre et l'effervescence des éléments qui s'y réunissent et s'y combattent.

L'Italie nous donna le premier éveil. Son influence, perpétuée par les règnes des Valois, ou plutôt par le long règne de Catherine de Médicis, embrasse le seizième siècle tout entier. Nous dûmes à sa civilisation, plus avancée que la nôtre, non-seulement l'imitation de ses écrivains, mais le goût de l'antiquité, l'étude approfondie des modèles qu'elle a laissés; enfin cet amour, ou si l'on veut, cette fureur d'érudition, qui féconda tour à tour et accabla les esprits, depuis le règne de François Ier jusqu'au règne de Louis XIII. L'élégance des habitudes italiennes produisit l'effrayante débauche de la cour : l'érudition des Politien et des Bembo devint un pédantisme insoutenable. Frappés d'admiration à la vue des chefs-d'œuvre de la Grèce et de Rome, nos savants leur vouèrent un culte qui tenait de la servitude. Le premier essai des forces de leur intelligence, fut de commenter les anciens, d'adorer leur mémoire et de suivre humblement leurs traces. L'Italie nous prêta ses jeux de mots; Rome son vocabulaire; Athènes les formes de son élocution; Platon ses sublimes rêveries; Aristote ses catégories, depuis long-temps employées sans être comprises. On tenta sérieusement de refaire la langue française sur le modèle des idiômes anciens. La liberté sauvage et railleuse; la marche lucide et modeste; la naïve grace du langage, que les Gaulois et les Normands nous avaient léguées, devinrent des objets de mépris. Nos savants ne cessèrent plus de conspirer contre le vieux génie national.

Ce fut donc l'influence de l'érudition qui, après celle de l'Italie, décida le mouvement et détermina le caractère de notre littérature au seizième siècle. Son action fut profonde, énergique et prolongée: tout dépendit d'elle; notre poésie, notre éloquence, notre philosophie. Elle donna naissance à d'étranges phénomènes et se combina tour à tour avec la recherche de l'élégance italienne, la raillerie nationale, la réforme religieuse et les passions politiques. L'immense monarchie espagnole, qui effrayait un monde et en découvrait un autre, avait sa littérature, brillante, pompeuse, orientale; elle nous servit aussi de modèle, et vint exercer à son tour une action distincte, sur notre langage et les productions de nos écrivains.

Le besoin d'imiter, premier indice des efforts de l'esprit, ne nous eût donné qu'une littérature factice, si le génie de la nation ne s'était développé d'une manière plus forte et plus libre, au milieu des grands mouvements de ce siècle. Une société mourait, une autre s'élevait; la lutte de tous les éléments contraires ébranlait l'Europe et changeait la destinée des peuples modernes; tels deux courants opposés se rencontrent au sein des mers, entrechoquent leurs flots, et les font jaillir en colonne écumante. Le mouvement, parti de l'Italie, lentement propagé vers le nord, avait envahi toutes les nations civilisées. Alors, la pensée humaine, devenue impérissable et solide, par l'invention de l'imprimerie; l'heureux emploi de la boussole; le monde se dessinant tout entier aux regards de l'homme; la communication devenue facile entre les peuples par l'établissement des postes; le télescope inventé; l'horizon de la science s'étendant avec celui du globe; causes fécondes et réunies dans un étroit espace, annoncèrent une nouvelle époque de grandeur pour les nations européennes. Un engourdissement profond accablait la France; on la vit se débattre long-temps sous les clartés qui l'inondaient. La féodalité détruite; les communes plus puissantes; le trône mal affermi, vinrent à se combattre: et comme la fureur des controverses et la diversité des croyances se mêlaient à ces grands désordres, la confusion devint épouvantable. La France n'offrit plus qu'un théâtre arrosé de sang et de larmes; scène d'horreurs, de cruautés et de folies, interrompues par le pédantisme et la licence.

Depuis long-temps Abélard, Occam, Arnaud de Bresse, avaient préludé par leurs essais à cette liberté d'examen, que le fougueux Luther porta dans les matières religieuses, et qui causa le grand divorce des religions au 16e siècle. Deux christianismes différents, rangés sous des bannières ennemies, rivalisèrent de barbarie et d'intolérance. A la puissance du glaive se joignit celle de la parole; elle devint une arme; elle se polit et se trempa. Calvin parut; après lui Théodose de Bèze, Mornay, Lanoue, et tous ces hommes, nourris dans les dangers et dans les disputes, dont le style est, comme leur vie, plein de contrastes et d'énergie, de véhémence et de fureur. Le catholicisme s'était endormi sur ses conquêtes; la voix tonnante de Luther l'éveilla. Il fallut discuter et combattre. Chez les fidèles sectateurs de la foi antique, la croyance cessa d'être aveugle; elle devint réfléchie. Les pamphlets, les libelles, les livres de controverse donnèrent de la force, de la clarté, de la souplesse au langage, devenu un instrument de victoire. Cette liberté de penser ne s'appliqua pas seulement aux matières de foi, mais à la philosophie, à la politique, à la science, à la morale, à l'histoire. La critique naquit. Le goût si lent à se former, s'annonça du moins. Effrayé des prédications furibondes des Génébrard et des

Rose, l'ami de l'humanité put se consoler en lisant les sages écrits de Montaigne, de Thou et de Bodin.

A l'influence de l'Italie, à celle de l'érudition, à l'imitation des œuvres de l'Espagne, il faut donc joindre l'action bien plus puissante des discordes religieuses, mères de la liberté d'examen; et, pour rattacher à cette vaste chaîne de causes et d'effets, le dernier de ses anneaux épars, l'influence terrible des passions politiques. Alors (on l'a dit avec justesse), *il y avait plus de malcontentement que de huguenoterie.* Les guerres civiles, développant les caractères dans leur énergie la plus active, et, si j'ose le dire, la plus individuelle, donnèrent naissance aux mémoires, aux proclamations, aux satires politiques, aux discours tenus dans les grandes assemblées. Là, les hommes se dessinent tout entiers, et les violentes émotions éclatent; là se trouve toute l'éloquence du temps. On voit disparaître cet esprit d'imitation qui voilait, pour ainsi dire, les traits prononcés et les pensées profondes. La culture exclusive du savoir n'avait donné que des fleurs artificielles, armées de toutes les épines de l'érudition, de la scolastique et de la grammaire. Le génie caustique de la nation s'était révélé par des productions faciles, mais incorrectes: l'exagération de la science avait étouffé des talents heureux. Lorsque les intérêts de parti se confondirent avec les intérêts de secte, un nouvel élan fut donné à tous les esprits. S'agissait-il de la patrie ou de la faction? les ames agitées trouvaient des accents terribles, des cris de fureur, des paroles empreintes de la force de la vérité et de la vertu. Les hommes éloquents de l'époque n'étaient ni Duperron, ni Duchâtel, ni Sorbin, tristes amplificateurs, écoliers d'une rhétorique encore barbare. Mais Calvin, réclamant auprès de François Ier pour ses frères menacés des flammes ou de la prison; mais Rabelais, faisant parler un roi auquel on enlève ses royaumes, et frappant du même coup l'odieuse rivalité de Charles-Quint et de son ennemi; Dubourg, défendant sa croyance et sa vie: Guise, les yeux fixés sur un trône auquel il aspire : l'Hospital, tonnant contre la corruption ; Bodin, osant réclamer la tolérance, aux premiers États de Blois : La Boëtie, oubliant qu'il est né Français, et nous offrant les libertés d'Athènes et de Rome, comme remède aux malheurs de la monarchie : Montaigne, son ami, invoquant au nom de l'humanité l'abolition de la torture : et tous ces guerriers qui écrivent à la lueur des incendies, sous le feu des batailles ou dans les loisirs de leur vieillesse, l'histoire de leurs temps et de leurs propres périls : Pierre Ayrault (1), lorsqu'il redemande aux pères jésuites l'aîné de ses fils, qu'ils ont enlevé à son amour : la veuve de Brisson, criant vengeance contre les assassins de son mari : Pithou, empruntant le nom de l'orateur d'Aubray pour écraser la ligue, et peindre, dans le plus beau passage de la satire ménippée, la misère du royaume : le frivole Brantôme lui-même, saisi de douleur au souvenir de Marie-Stuart : Byron devant ses juges : Henri IV dans ses harangues ; Sully, parlant de son maître assassiné : tous ces hommes portent, dans leurs pages naïves et pleines d'émotion, à défaut des formes étudiées de l'éloquence, son empreinte ineffaçable, tout le feu et toute la force des passions qui les maîtrisent.

Soumise à tant d'influences contraires, cette littérature, qui s'enorgueillissait, au quinzième siècle, d'avoir produit *le Roman de la Rose*, et le *Doctrinal d'Alain Chartier*, ne perdit pas entièrement son vieux caractère ; il se reproduisit non-seulement chez Marot et Rabelais, au commencement du seizième siècle, mais chez Montaigne et Regnier, dans la satyre ménippée, dans tous les libelles du temps. Épuré, ensuite, par les mœurs brillantes et polies de la monarchie, on l'admire, sans le reconnaître, dans la gracieuse malignité de Chaulieu et de Gresset, dans la verve ingénieuse du conteur Hamilton ; même dans la causticité de Voltaire. Plus rude et plus

(1) Dans son ouvrage admirable et trop peu connu ; *De la puissance paternelle*, publié en latin et en français, 1580.

naïf, au seizième siècle, il forme, avec le pédantisme, l'afféterie empruntée aux Italiens, le ton dogmatique, les fureurs fanatiques et l'acharnement des factions, d'étranges et mystérieuses alliances : c'est-là le spectacle bizarre que nous devons observer.

Nous joindrons à cette étude celle des variations nombreuses et des progrès irréguliers du langage. Et qui pourrait chercher l'unité des vues et du style, à une époque aussi confuse ; dans un temps où la discipline féodale est déjà détruite, où les habitudes régulières de la civilisation ne sont pas nées, où la loyauté s'éteint, où le courage se joint à la perfidie ; où viennent aboutir les idées les plus contradictoires : époque toute dramatique, pleine de troubles, de terreurs ; temps de passage et de transition, où tout s'ébranle, s'écroule et se reconstruit ; où les images du juste et du beau brillent et s'effacent tour à tour, dans la même journée, où le vrai et le faux se confondent ; où les croyances semblent échapper à la vertu ; le sol trembler et fuir sous les pas de l'homme qui se tourmente à sa surface ? Le vice paraît sans masque ; on persécute de bonne foi ; le crime est souvent sans remords. Enfin, soutenu par sa propre force, l'héroïsme se pare d'un éclat plus vif. De là, ce langage énergique, effréné, pédantesque, simple jusqu'à la bassesse ; éloquent jusqu'au sublime : l'idiome grec de Ronsard, les vives paroles de Montaigne, de Mornay, de Henri IV, et la railleuse invective de la satire menippée : élémens grossiers, mais pleins de sève et de force, qui assouplirent, animèrent et obscurcirent successivement notre langue. Ils léguèrent à une société calme et triomphante le soin de la débarrasser d'un luxe superflu et de l'élever, par des chefs-d'œuvres, au rang des idiomes classiques.

Si l'on se contentait de choisir parmi les auteurs du seizième siècle les plus remarquables écrivains, et d'offrir l'analyse de leurs œuvres, cette série de portraits ne suffirait point pour indiquer la marche intellectuelle de la France et les progrès du langage à cette epoque. Suivons, dans leurs envahissemens et dans leurs excès mêmes, ces influences diverses que nous avons signalées; voyons comment à des améliorations réelles se mêlèrent des exagérations et des ridicules : et, sans nous asservir à la pénible tâche d'une complète nomenclature, essayons de ne laisser en oubli aucun des perfectionnemens dus quelquefois à des écrivains obscurs. Dès que nous observerons un progrès, arrêtons-nous pour mesurer la distance parcourue. Nous verrons avec quelle extrême difficulté le langage a conquis ses deux principaux caractères, la clarté et la noblesse : comment des essais trop hardis, succédant à des essais trop timides, entravèrent ce mouvement, au lieu de le servir : comment l'imitation de l'Italie, de l'Espagne et des chefs-d'œuvres antiques créa de nouvelles expressions et de nouvelles formes de langage : enfin quelles ont été, dans ce siècle étonnant, les diverses fortunes d'un idiome si pauvre à son origine, et destiné à une si glorieuse universalité. Nous ne craindrons pas de citer ces mots, tombés en désuétude, ou qui, nés des mœurs antiques, se sont conservés parmi nous, comme témoins naïfs et indiscrets du temps passé. Nous verrons tour à tour les expressions se former, s'allier, s'adoucir, se compliquer ou se perdre, par une continuelle succession de créations et de ruines : « car les langues, dit un vieil auteur, se forment « par *alluvion*. » Partout enfin, soit dans les révolutions de la littérature, soit dans les vicissitudes du langage, nous reconnaîtrons, avec Bacon de Vérulam, l'influence du changement perpétuel des mœurs, et sur les unes et sur les autres.

A peine, le français était-il né des débris de la langue latine corrompue par les Gaulois et mêlée aux jargons informes des Normands, des Goths et des Saxons : il sembla réservé à une destinée brillante. Nos victoires le portèrent à Londres, à Naples, à Syracuse, à Jérusalem, à Constantinople et dans l'Attique. C'était, dit Brunetto

Latini, précepteur du Dante *un moult délitauble langage* (1); c'est-à-dire un langage très-agréable. Malgré ce témoigage éclatant, le français, dont les formes grammaticales n'avaient rien de fixe, n'était, avant le quatorzième siècle, qu'un patois grossier qui, cependant, renfermait le germe de son développement futur et de sa gloire spéciale (2). Il offrait déjà pour caractères, cet ordre logique des phrases, cette marche directe si favorable à la clarté, cette horreur de l'inversion, cette simplicité dans l'arrangement des mots, qui semble ne se soumettre qu'à leur ordre métaphysique; enfin, cette lucidité qui, se prêtant ensuite aux définitions de la philosophie et à la grace facile des relations sociales, a fixé pour toujours le génie propre de la langue française. C'était un mérite né de son antique indigence et de la faiblesse de ses premiers pas. Sa pauvreté a commencé sa fortune.

Ce phénomène semble étrange. Comment une langue philosophique vint-elle à se développer du sein d'un jargon sauvage? Nos ancêtres, encore barbares, adoptèrent, pour le mêler avec le tudesque et le celtique, l'idiome romain; et défigurant les mots qu'ils empruntaient, ils les privèrent de leurs inflexions, auxquelles se pliaient trop difficilement les organes de ces hommes

(1) Traité de la bonne Parleure.

(2) Quoique l'emploi des articles soit commun à toutes les langues modernes, plusieurs d'entre elles peuvent s'en passer, dans beaucoup de cas. La liberté d'inversion, si restreinte dans la langue française, est admise, non-seulement dans l'allemand, mais dans l'anglais, l'italien, l'espagnol. Il serait facile d'extraire de Filicaja, d'Alfiéri, de lord Byron, de Camoëns, des lyriques espagnols, plus d'un passage dont le Français ne peut reproduire les inversions hardies. Rivarol, Dumarsais, Beauzée, avant eux Vaugelas et Patru, avaient observé ce caractère presque géométrique de notre langue; il semble qu'on doive l'attribuer, non-seulement à l'emploi des désinences, mais (comme on n'a pu que l'indiquer dans le texte), au génie même de la nation, à sa sociabilité, à son penchant pour la raillerie, à sa crainte du ridicule, à ce besoin de s'exprimer clairement, de ne laisser aucune ambiguité dans le sens des phrases; en un mot de parler pour se faire entendre.

grossiers (1). On abandonna l'inversion latine, qui n'acquérait de la clarté que par la variété des désinences. Les articles et les particules suppléèrent à toutes ces modifications du langage, et fixèrent seuls désormais la valeur et les rapports des mots. Aux déclinaisons et aux conjugaisons latines succéda un ordre de phrases tellement naturel, tellement simple, que l'on ne pût se méprendre sur la signification d'aucun terme, et que toutes les idées s'enchaînassent l'une à l'autre, de manière à ne pas laisser le moindre doute sur le sens de la période.

Le génie lucide et logique de notre langue se forma ainsi. Servie plus tard par son propre défaut, ennoblie par de grands écrivains, elle garda sa sévérité rigoureuse, et dut à leurs efforts multipliés la force passionnée, l'audace et la grace dont sa faible origine semblait devoir l'éloigner pour toujours. Mais avant d'y parvenir, le français eut plus d'une révolution à subir, et dut se résigner à l'épreuve d'une longue enfance. Entre l'époque où le latin cessa d'être parlé avec pureté et celle où naquirent les langues française, italienne, espagnole, portugaise ; on vit briller dans l'ancienne Gaule narbonnaise un idiome sonore et expressif qui rattache à l'idiome romain les langues méridionales aujourd'hui subsistantes. Une mollesse gracieuse, une pompe mêlée de douceur, une sorte de voluptueuse harmonie qui s'est perpétuée dans l'italien et l'espagnol, distinguaient cette langue parlée en Provence, dont le climat et les usages se rapprochaient de ceux de l'Italie. La *gaie science* y eut un trône passager, mais éclatant, et dont la splendeur éveilla le génie du Dante. Là se réunissaient, dans les belles soirées de l'été, les poètes, qui, dans leurs chants patriotiques et amoureux, célébraient la gloire de leurs compagnons d'armes ou la beauté qui les captivait. A la même époque, le nord de la France, toute barbare et en proie aux Normands, parlait un patois âpre et

(1) V. l'explication très-naturelle de ce phénomène, dans *Louis Vivès*.

tudesque. Le redoublement des consonnes, la briéveté des mots, l'abondance des syllabes dures et des sons heurtés, l'indigence des inflexions, séparaient le roman wallon, ou langue *d'oïl*, du roman provençal, ou langue *d'oc*. Toutes deux étaient nées du latin; mais les hommes du nord avaient conservé un bien plus grand nombre de racines celtiques; et la briéveté, la rudesse de leurs paroles, contrastaient avec les sons pleins et retentissants dont leurs voisins faisaient usage. Cette dureté même de l'idiome wallon sembla prolonger son existence; et pendant que la langue *d'oc*, se chargeant des vices de la langue toscane, affaiblissait encore sa mollesse naturelle, le patois septentrional épurait lentement sa grossièreté et conservait son caractère de simplicité et de vigueur.

La monarchie acquiert de l'unité, de la force et de l'étendue; sa puissance principale se concentre à Paris, sur les confins de la Normandie, à cent lieues de la contrée où la langue *d'oc* est en honneur : la langue *d'oïl* reste triomphante. Plus la féodalité perd de terrain, plus ce vieux français normand et picard gagne de prépondérance. Louis XI règne; on sait par quels moyens il prépare la sécurité du trône. Les vieilles institutions féodales s'abaissent devant lui; l'idiome de la cour et de Paris l'emporte sur tous les dialectes des provinces. De Louis XI datent les progrès de la langue française. « Avant lui, dit *Estienne Pasquier,* elle n'était « ni courtisane ni éloquente, mais une pauvre villageoise, et à « laquelle nuls bons esprits n'osaient attacher leurs plumes. Les « patois prenaient divers plis selon la diversité des provinces; et « avant que l'imprimerie ne fût inventée, chacun des copistes don« nait un nouveau tour et le gazouillis de son pays natal au ma« nuscrit qu'il transcrivait. »

Les écrivains qui brillèrent quelque temps avant nos conquêtes en Italie; admirés et imités pendant les trente premières années du seizième siècle, nous arrêteront un moment; sans l'examen de leur titres, il serait impossible d'apprécier les progrès, faits depuis leu époque. Si nous ne jettions sur eux un coup d'œil (1), comment pourrions-nous comprendre la littérature du siècle suivant, dont leurs ouvrages encore informes sont comme le point du départ?

Les mœurs étaient barbares, ou plutôt rustiques, dans les diverses régions de cette France, « *tant jolie, que Dieu sauve et garde*, « comme l'appelle un chroniqueur (2). » Une profonde ignorance, une dévotion sans piété; une valeur sans loyauté; partout l'oppression, la guerre, l'incendie, le ravage; des plaisirs grossiers, un luxe sauvage, nulle trace d'élégance ou de bien être dans les usages de la vie commune : tel était le spectacle qu'offrait notre patrie. On parlait picard dans la capitale. Un *haubert* se nommait *haubart*, une *oreille*, *oraille* (3). Quelques prêtres et quelques jeunes gens, attachés aux seigneurs, faisaient des vers d'amour et rimaient des leçons de chevalerie, de galanterie, ou de bons contes, à la façon des trouvères. Leurs maîtres les imitaient souvent ; c'était la partie élégante de la littérature. Certaines formes de poésie, assez gracieuses dans leur monotonie, et qui, par la répétition du même vers dans un sens différent, semblaient exprimer ingénieusement l'espoir d'un cœur amoureux, ou les peines de l'absence, étaient alors en usage. L'amour et la douleur aiment les redites : ce perpétuel écho d'une même idée reproduite diversement n'avait rien de fade pour un peuple enfant et des esprits ingénus. Les vers de sept et huit syllabes étaient usités; celui de six pieds, familier jadis aux auteurs de romans rimés, se nommait la *longue ligne* : on ne l'employait plus. Presque tous les poètes, faute d'ima-

(1) Plusieurs de ces écrivains ne publièrent pas leurs œuvres. Celles de Coquillard et de Cretin ne furent réunies qu'au commencement du 16e siècle. Les mémoires de Comines ne parurent qu'en 1524.

(2) Jean de Troy. On voit à nu dans sa chronique la barbarie extrême de l'époque.

(3) V. la préface de l'édit. de Villon, publiée par Marot.

gination ou de génie, s'imposaient les entraves d'une versification bizarre. Une muse, ou plutôt une fée, régnait au sommet de ce parnasse gaulois : l'allégorie. Elle avait usurpé la place des compositions chevaleresques, nées des croisades, et où se trouvaient de si grands coups de lance, et une si redoutable population de géans, de dragons, d'enchanteurs et de sorcières. Sous le règne de saint Louis, quand l'expérience vint apaiser cette ardeur d'entreprises, on descendit de la hauteur des fictions merveilleuses. Les poètes, doués de plus d'invention que de goût, créèrent une foule d'êtres fictifs, représentant des idées communes : genre singulier, qui devait plaire à des hommes sans élégance dans les mœurs, mais habitués à la subtilité scolastique et à la mysticité chrétienne. Un ouvrage, modèle de cette poésie vulgaire et recherchée, fit beaucoup de bruit dans son temps et prolongea son influence jusqu'à l'époque de Marot et de Ronsard. C'est le Roman de la Rose, dont une idée assez licencieuse constitue le fonds, dont les ornemens et les accessoires sont l'ironie grossière, la morale bouffonne, et l'allégorie subtile. Le labyrinthe amoureux, que trace Guillaume de Lorris, est peuplé de figures métaphysiques, tout à la fois fantastiques et triviales, qui joignent à ce qu'il y a de plus vulgaire dans la pensée, ce qu'il y a de plus affecté dans les images. De telles inventions charmèrent les contemporains de *Jean de Meung*. A peine ce domaine de féerie s'est-il ouvert; tous les auteurs s'y précipitent. Sentimens, vices, vertus, distinctions insaisissables, vaines et subtiles arguties, trouvent leur représentation vivante. Ces personnages imaginaires jouissent du privilége de la noblesse : chacun d'eux a ses chapelains, ses destriers, ses clercs, ses châteaux, ses oratoires. *Amour* chante ses antiennes, dans une nef magnifique. On ne cesse de raffiner sur l'ingénieuse puérilité de ces créations. *Dame Beauté* « maîtresse d'école, » établit en un long discours les rapports qu'elle veut trouver entre les déclinaisons de la grammaire et les mouvements d'un cœur épris d'amour. Vêtue de Menu-vair, un chapelet suspendu à la ceinture, *Loyauté* ouvre son tribunal, où le demandeur est *Désir*, le plaignant *Vertu*, le greffier *Patience*, le chancelier *Prudhomie*, et le sergent *Petits-Soins*. Ainsi, ce mauvais goût, qui plus tard nous donna la carte de *Tendre*, remonte à une antique origine.

C'était dans ce style, que des princes, des chevaliers et des rois écrivaient leurs doctes enseignements, où la satyre se mêlait à l'allégorie. *René d'Anjou*, que la culture des lettres consolait de ses infortunes, et que ses contemporains représentent *assis sur un trône soutenu par les muses*, *le front entouré d'une auréole de savoir*, et, comme ils le disent eux-mêmes, « tout diapré de science inventive », raillait les mœurs de sa propre cour, qu'il personnifiait comme une grande dame, prodigue de promesses, et se jouant des espérances de ses serviteurs (1). *Le marquis de Saluces* faisait, d'après le même modèle, la description des *douze vertus qu'un noble homme doit avoir en son cœur*. C'est un spectacle touchant, par le contraste des habitudes perfides et farouches qui régnaient alors, que ces hommes tout bardés de fer, ou ces princes, livrés aux agitations d'une politique meurtrière, et qui, cependant, trouvent encore le temps de rimer de *beaux dictiez*, et de communiquer aux chevaliers qui les entourent l'amour des lettres, jusqu'alors méprisées par leur orgueil (2). Le bon duc de Bourgogne, Philippe, tenait sa cour lettrée et galante, asile de Louis XI dans sa jeunesse ; là, ce dernier concourut à la rédaction des nouvelles, composées à la manière de Boccace par le sire de Créqui, le maréchal de Chastellux, Pierre de Luxembourg, et Philippe lui-même. Dans cette cour vivaient quelques beaux-esprits : *Antoine Lasalle*, auteur du joli roman de Petit Jehan de Saintré, fiction ingénieuse, naïve et touchante,

(1) V. *L'Abusé en cour.*

(2) V. dans *Alain-Chartier* et dans le *Cortegiano* de Balthazar Castiglione, l'opinion que les seigneurs, jusqu'au milieu du 15e siècle, se faisaient de la littérature.

Georges Chastelain, auteur de Chroniques exactes, en rimes qui ne le sont pas, et de Chroniques en prose, publiées récemment, où se trouve quelquefois une naïve et forte éloquence (1) ; surtout *Pierre Michault*, l'écrivain le plus spirituel de cette Académie, présidée par un prince. Dans son *Doctrinal de cour*, allégorie railleuse, qui ne ménage pas les courtisans ; on entend la Luxure, l'Orgueil, la Fausseté, devenus les *maîtres d'école des grands*, leur donner des leçons singulières :

« Faites plaisir à chacun et chacune ;
« Si vous tenez de cent promesses une,
« C'est bien assez ; mais promettez toujours. »

Il y a beaucoup d'esprit, d'audace, de raison, de bizarrerie, et toute la recherche de l'allégorie alors à la mode, dans ce singulier poëme, que l'on ne connaît pas assez, et qui, malgré son mauvais goût, étincelle de traits heureux. Citons aussi la *Danse aux aveugles*, drame à trois personnages, du même Michault. Ce n'était pas une idée sans originalité, ni sans philosophie, que de représenter la vie humaine comme un grand bal, dont l'Amour, la Fortune et la Mort dirigent les mouvements et marquent la cadence.

Olivier de la Marche, autre grand seigneur poète, appartient à la même suzeraineté féodale. Son histoire de *Charles-le-Téméraire*, sous le titre du *Chevalier délibéré*, est écrite en style si complètement symbolique, que toute la sagacité des commentateurs réussit à peine à en débrouiller le sens. On ne comprend guère mieux ses *Conseils* aux dames ; mais si la rapidité de notre examen nous permettait de nous arrêter sur cet ouvrage (1), il nous offrirait l'exemple le plus burlesque de l'exagération du genre allégorique : nous y verrions la description complète du costume d'une loyale femme, qui doit avoir (dit-il) *ceinture de chasteté*, *tablier de diligence*, et

(1) V. les Chroniques publiées par M. Buchon.

(2) Voir *le Triomphe et Parement des dames*.

pantoufles d'humilité. Plus heureux, quand il abandonne le bel-esprit et adresse à Louis XI des reproches énergiques (2) : il a composé en prose des mémoires minutieux, où la description d'une chasse et d'une cérémonie occupent plus de place que le récit d'une guerre, et où les locutions de l'Artois et du pays Wallon sont singulièrement prodiguées.

Cependant l'imprimerie s'établissait: Louis protégeait avec caprice la science renaissante, ordonnait aux *nominaux* de se taire, et aux *réalistes* d'enseigner. L'Université de Paris, fière de sa vieille réputation, nourrissait, dans les *entités* et les *quiddités* de la scolastique, une troupe d'écoliers turbulents. Le savant Reuchlin venait étudie dans ses classes. Grégoire Typhernas y professait pour la première fois le grec; et comme il manquait d'auditeurs et que le gouvernement ne le payait pas, il était forcé de fermer son école. Jean Lapierre enseignait la grammaire, et *Robert Gaguin* la rhétorique. Robert Gaguin, auteur d'une mauvaise Histoire de France, écrite en latin, véritable merveille de crédulité et d'ignorance, a rajeuni les Chroniques du faux archevêque Turpin : cet ouvrage, tout aussi véridique que le premier, n'a pas été sans influence sur la manie chevaleresque qui s'est emparée des premières années du siècle suivant.

C'étaient là les plus vives lumières de la littérature et de la science. On sent combien, dans les œuvres d'imagination, la recherche de rapports factices et de combinaisons absurdes entre des

(1)

Prenez pitié du sang humain,
Noble Roi, Loys de Valois!
Nous tourmentez soir et matin
Par guerres et pitenx exploits :
Vous guérissez les écrouelles;
Mettez jus (déposez) débats et querelles;
Car vous n'aurez mie rien (plus rien) demain,
Si la mort trappe vos mérelles;
Prenez pitié du sang humain!

objets physiques et des êtres imaginaires s'accordait mal avec l'émotion des passions et la verve du génie. Deux poètes, arrachés à ce danger, moins par la pureté de leur goût que par les agitations de leur vie, ont survécu a leurs rivaux : leur talent est dû peut-être à ces malheurs mêmes, qui ont prêté à leurs ouvrages de la chaleur, de la grâce et de l'intérêt. L'un prince aimable et galant, ami des lettres, charitable et courageux, digne, en un mot, d'avoir pour fils le bon Louis XII, écrivit pendant une captivité de vingt-cinq ans, des poésies empreintes de la tristesse la plus touchante. On voit que *Charles d'Orléans* fait des vers,

Quand mélancolie (1) mauvaise
Le vient maintes fois assaillir.

Ses chants sont pleins de douceur et de mélancolie ; c'est le gémissement de la colombe. Il exprime un petit nombre de sentiments qui tous se rapportent à sa chère patrie ;

A la noble maison de France
Qui se maintient piteusement;

aux amis qu'il a laissés, et surtout à sa dame (2). Cette délicatesse de sentiments trahit le Chevalier, éprouvé par la Fortune. Moins ingénieux que tendre, s'il emprunte des images à la théologie, ou aux mœurs de son temps ; c'est toujours pour exprimer plus vivement la plaintive langueur, sentiment habituel de son ame. Il excelle surtout dans l'agréable entrelacement d'un rondeau, dans l'heureux et facile retour du dernier vers d'une ballade : il plaisante quelquefois avec d'autant plus de grace, que sa joie est mêlée

---

(1) La syllabe *lie*, dans ce mot, comptait pour deux syllabes. On peut croire que les Français du quinzième siècle prononçaient lentement l'é muet.

(2) V. ses charmantes ballades: *allez-vous-en, allez, allez ; souci, soin et mélancolie*, etc. *Dans la forêt d'ennuyeuse tristesse*, etc.

de douleur. Si quelque idée aimable ou folâtre se présente à son esprit, il a l'air de s'en repentir, et répète toujours :

> Laissez-moi penser à mon aise!
> Hélas! donnez-m'en le loisir.

Ce chagrin profond qui le domine ne s'emporte nulle part en plaintes amères ou violentes ; il se répand sur tous les vers du poète, comme l'imperceptible exhalaison d'une fleur que son parfum révèle. Après trois siècles écoulés, l'urbanité, la mollesse délicate de la versification, le sentiment de l'harmonie, la grace, en un mot, qui distinguent les poésies de ce prince-poète, sont loin d'avoir perdu tout leur charme.

Parmi les écoliers de l'Université de Paris vivait un jeune homme d'un esprit caustique et léger, de basse extraction, de mœurs grossières et licencieuses. Entre lui et le duc d'Orléans, qui l'avait précédé de plusieurs années, tout est contraste ; la naissance, les mœurs, le caractère, le tour d'esprit. Si le noble captif a trouvé dans ses sentiments chevaleresques et dans son infortune la source de ces simples élégies qui doivent une grace idéale à l'amour de Dieu, de la patrie et des dames : Villon, né au sein de l'obscurité la plus profonde, élevé au milieu de la tourbe des écoliers libertins, semble représenter, dans sa nudité la plus effrontée, le génie populaire de la satyre allié à l'impudence de la débauche.

On connaît ses nombreux démêlés avec les tribunaux. La franchise ou l'orgueil de ces aveux étranges où il vante sa diligence

> A voler devant et derrière,

porte témoignage et contre lui et contre l'immoralité de son siècle, qui accueillait en riant ces confessions d'un escroc. Enfermé au Châtelet, ce qui anime sa verve cynique et lugubre, c'est la perspective du gibet qui l'attend. Il rime son épitaphe, et fait son testament en vers de complainte : un ivrogne aura son muids, un vicaire sa maîtresse; il lègue sa malédiction à l'archer qui l'a pris, et deux procès à un ami trop gras, pour corriger son embonpoint. La complainte est rimée et la sentence rendue : c'en est fait de Villon; mais, par une présence d'esprit que lui-même a célébrée dans ses vers, il interjette appel. Sauvé une première fois, il revient bientôt à ses anciennes habitudes, retombe dans le même péril, et, privé de tout espoir par l'aggravation de son crime, se met à écrire ses derniers adieux à la vie, d'un style un peu plus grave, mais toujours caustique. Ses aventures lui en ont plus appris, dit-il, et « ont plus aiguisé ses lugubres pen-« sées, que tous les *comments* ou commentaires de l'Université, « sur le sens moral d'Aristote. » Il ne veut rien cacher à personne, et il écrit tout ce qu'il sait, parce que « qui meurt, à ses *hoirs* (1) « doit tout dire. » La vivacité des traits, l'invention bizarrement satyrique des différents legs qu'il distribue, la concision du style, la richesse même de la rime, ont déja droit d'étonner de la part d'un homme tel que Villon; mais ce que l'on remarque chez lui avec le plus de surprise, c'est une teinte de philosophie mélancolique. « Hélas, dit-il,

..........pauvreté fut mon héritage ;
Et l'on sait que dans pauvreté
Ne loge pas grand' loyauté.

La mort va bientôt le mettre de niveau avec les grands de la terre. Où sont-ils ces foudres de guerre, et ces rois qui ont fait trembler le monde? Et « où est le preux Charlemaigne? » Dans ce lieu même où Villon va descendre. Seulement il n'aura ni sépulcre ni sarcophage, et leurs restes mortels « pourrissent sous riches tombeaux. » Avant sa dernière heure, il s'égaie aux dépens du prévôt, de ses archers, des bons pères moines, qui vivent comme des *demi-dieux ;* et, revenant toujours à la nécessité de mourir, tire de son expé-

(1) Héritiers

rience à peu près la même conclusion qu'Horace, que certes il ne connaissait guère et ne voulait point imiter. Ce qui le chagrine surtout, c'est que les ravages de la mort cruelle n'épargnent pas la beauté des femmes. Il demande grace pour le corps féminin,

> . . . Qui tant est tendre,
> Poly, suave (1) et gracieux!

Et où sont « les belles dames du temps jadis? Hélène et Aspasie, « que sont-elles devenues? » Il compare leur souvenir à une ombre, à un son fugitif qui répond à la voix, sur la rivière ou sur l'étang; puis, par un retour de sa pensée, où l'imagination se mêle à la grace, « mais, demande-t-il, où sont les neiges de la dernière « année (2)? ».

Plus d'une fois, dans le cours de ces observations sur les écrivains d'un temps peu connu, nous aurons à revenir sur des opinions déja établies, énoncées et admises sans examen. Villon ne semble pas avoir (comme le dit Boileau) « débrouillé l'art confus « de nos vieux romanciers. » Il n'appartient en aucune manière à cette sphère idéale du roman chevaleresque; ses mœurs, son style, ses vices, son génie, tout, chez lui, est essentiellement populaire. Il n'avait pour héritage qu'indigence et roture; et les mots gaillards répétés par le bas peuple, les sermons comiques du prédicateur étaient ses seules inspirations. Sa raillerie amère et sa poignante gaieté lui appartenaient en propre; nulle influence étrangère ne les avait modifiées. Il ne voulait, comme il le dit, « laisser que folâtre mémoire. » Il ne prétendait point à ces pensées délicates ou contournées, à ces allégories ingénieuses ou ridicules, apanage « des gens qui portaient éperviers (3). » Son

(1) Soüef.

(2) On ne parle pas des *Repues franches*: description des exploits de l'escroquerie, en termes d'argot, et que d'ailleurs on a contestées à Villon.

(3) Villon.

penchant à raisonner et à médire, son expression brève et hardie, son ironie grossière mais vigoureuse, justifient son antique réputation; il donne un tour vif à ses stances, les termine par une mordante saillie, rime avec richesse, et raille d'un ton nonchalant.

Tel est à peu près le caractère de ce vieux poète populaire. Louis XI, roi cynique, qui n'était pas indulgent, s'amusa des gentillesses d'un voleur prêt à subir sa peine, et sauva l'écolier fripon (1). Reconnu pour modèle de poésie et de bonne plaisanterie, Villon, cinquante ans après sa mort, fit les délices de François Ier. Marot publia une édition de ses œuvres, soigneusement corrigée; il le nomme dans sa préface « le meilleur poète parisien », et trouve « sa veine « vraiment héroïque. » Il ne lui manqua, dit l'éditeur, « que d'avoir » visité la cour des rois, où le style se polit et le jugement s'amende. »

Le langage dont se servait Villon, était ce langage à demi-picard que l'on parlait à Paris. Il dit encore *ly homs*, pour *les hommes*. De nombreuses parenthèses, des voyelles sans cesse heurtées, des enjambements ridicules, l'emploi de quelques jurons anglais devenus populaires (2) depuis le règne du roi Jean, et qui s'étaient conservés à Paris : *pouvre* pour *pauvre*, *voulsit* pour *voulut*, *barat* pour *tromperie*, *compaign* pour *compagnons* : idiotismes parisiens, que l'on ne retrouve pas dans les œuvres des gens de cour de la même époque, peuvent donner une idée du degré de civilisation et d'élégance littéraire qui distinguaient alors la capitale de la France. La cour avait déja le privilége d'épurer le langage; et le meilleur écrivain du temps fut l'ami, ou plutôt le confident de Louis XI.

Alors avait lieu, entre ce roi et ses grands vassaux, cette lutte de perfidies et de cruauté, où il resta vainqueur, et dont on aurait

---

(1) Quand le bon roi me délivra
De la dure prison de Mehun, etc. etc. VILLON.

(2) *Brelare bigod*; by our lord (by'r lord) by God!

tort de lui faire un reproche exclusif. Le moyen âge expirait, l'empire de la force était détruit, le sceptre du monde tombait aux mains des habiles. L'esprit de chevalerie n'était plus qu'un mot. Les rois, voyant les communes grandir et les seigneurs défendre les restes de leur existence, se faisaient un code spécial de politique et de morale: code de violence et de ruse, où tout s'excusait par la conservation du pouvoir, où la prudence de la vipère s'alliait à la férocité du tigre; art des Borgia et des Louis XI. Machiavel en a dit les secrets : on a cru qu'il les avait inventés.

Auprès du prince, qui a réuni le plus de qualités et de vices nécessaires pour triompher dans ces combats d'une politique déloyale, le sort avait placé un homme doué d'assez de sagacité pour le juger, d'assez de souplesse pour le servir. Ce prince était Louis XI, et ce confident, Comines. Le premier arrachait aux seigneurs, par fraude et par assassinats, à prix d'or et à coups d'épée, les fleurons épars de sa couronne: d'un incroyable orgueil et d'une souplesse basse; superstitieux jusqu'au délire, sans préjudice pour ses intérêts et pour ses crimes: poussant la familiarité jusqu'à l'abandon le plus vulgaire, la hauteur jusqu'à une férocité implacable; avare, mais prodigue pour le succès: capricieux et inexorable; vil et altier; offrant à la fois, l'idéal et la caricature de la tyrannie : espèce de Tibère bourgeois : il détruisit tour à tour les ennemis de la monarchie, et fit reposer son pouvoir sur des monceaux de cadavres. Mais ces débris se ranimèrent : et le trône, agité par eux, chancela pendant un siècle.

Comines, seigneur flamand, l'un de ses serviteurs les plus fidèles, était doué de ce coup d'œil *froid*, *impassible et sec* (1), qui ne permet à aucune passion de se mêler à l'examen des événements et des hommes: d'une âme naturellement calme, d'un esprit élevé, ferme, pénétrant, mais sans imagination : dénué de littérature (2), mais

(1) Bacon.

(2) Comines l'avoue au commencement de ses mémoires; Montaigne le répète dans ses *Essais*.

rompu aux affaires et sachant recueillir les fruits de son expérience personnelle, il quitta la cour du duc de Bourgogne, que sa folle étourderie précipitait vers sa perte; rendit un service éminent et secret au roi Louis XI (1), qui ne fut pas ingrat; et se laissant marchander, comme faisaient alors les grands seigneurs, vint enfin s'établir à la cour de France. Son crédit y fut si grand, que, selon les mœurs cordialement sauvages, qui ne disparurent que sous Louis XIII, il partageait souvent le lit du monarque. On le vit ensuite, après la mort de ce dernier, subir une captivité assez longue dans les cages de fer construites par son maître; expier ainsi quelques trames politiques qu'il avait nouées ou servies; souffrir cette disgrace avec la patience d'un homme habitué aux vicissitudes des grandes affaires; et rendu à la liberté, consacrer les derniers jours de sa vie à écrire ce qu'il avait observé, prévu, ou deviné.

Instruit par de telles leçons, soumis à de telles épreuves, il n'a plus la naïveté enfantine de nos chroniqueurs. Ne lui demandez ni le coloris ingénu de Froissard, ni la bonhomie piquante de Joinville. Avant tout, il s'éloigne de la scène, écarte les souvenirs de la vanité personnelle, observe les combattants et se plaît à juger les coups. Il s'efface même, comme à plaisir, dans les circonstances où il a dû jouer un grand rôle. Son impartialité, sa froideur étonnent d'abord par la force de raison qu'elles supposent; et, pour peu que vous soyez émus des spectacles de l'histoire, elles finissent par vous irriter. Impassible comme la destinée, résigné aux vices, aux malheurs, aux sottises des hommes, comme à ses propres infortunes, comme à ses propres fautes; rien ne l'émeut, ni le souvenir de son cachot, ni celui des cruautés de son maître. De tels effets ont eu leurs causes, et il les explique: c'est le fataliste de l'histoire

(1) A Péronne.

La trame des événements se lie à ses yeux par une combinaison nécessaire des caractères humains et des circonstances qui les environnent. Rien ne peut vaincre cette destinée toute-puissante. Remarquable surtout par la vérité des observations, il prophétise la grandeur de l'Angleterre, où la liberté légale s'élève lentement à ses yeux : Venise et ses fortes institutions ; la monarchie française, affermie par Louis XI, sont appréciées dans ses Mémoires de la manière la plus nette et la plus précise. Aujourd'hui même les contrées d'Europe dont il a parlé se reconnaissent aux traits généraux qu'il a saisis. Il raconte bien ; chez lui, comme chez Tacite, la narration et la réflexion se confondent. Quant à sa morale, elle caractérise son temps. Il estime beaucoup ce qui est honnête, mais un peu moins que ce qui est utile ; et quand le conflit de la vertu et du succès vient étonner sa raison, il ne balance pas à écarter la loyauté qui le gêne, s'en remettant d'ailleurs au tribunal de Dieu, qu'il établit seul juge dans une matière si difficile.

On aurait pu croire que l'apologie de Louis XI lui semblerait embarrassante. Non ; il le juge avec une liberté tranquille : au lieu de l'excuser, il plane sur les événements de toute la hauteur de son esprit ; indique les grands résultats que son maître a su préparer ; fait observer la profondeur de ses vues ; condamne ses vices, quand ils furent stériles, et ses ruses, quand leur fausse combinaison l'enlaça lui-même de piéges imprévus. Cette simplicité, cette lucidité avec lesquelles il dévoile les ressorts de la politique contemporaine deviennent éloquentes par la profondeur des intentions et la naïveté des tableaux, lorsqu'il retrace les derniers moments de ce roi, *le plus sage homme qu'il ait connu* : tourmenté dans sa vieillesse par des maladies cruelles et une superstition ignoble ; mené par son médecin Cottier, *comme un enfant hargneux, par un précepteur quinteux et colère* ; cherchant à appesantir encore son pouvoir *qui s'en va*, dit Comines ; couvrant ses membres décharnés des insignes d'une royauté qu'il va perdre; *si soupçonçonneux vers la fin de sa vie, qu'il fait tâter les vêtements de ses parents les plus proches, pour que ses archers voient s'ils n'ont pas de poignards sous leurs* « jaquettes » ; trompant les hommes jusqu'au bout, et feignant de lire encore les dépêches dont il ne distingue plus les caractères ; s'environnant de supplices, pour s'assurer que le pouvoir lui reste : lorsqu'enfin Comines montre ce malheureux roi, expiant sa vie par une agonie de trois années ; devenu son *bourreau*, et *se servant à soi-même de Tristan-l'Hermite*, suivant la forte expression du vieil auteur.

On ne peut s'étonner que Montaigne ait admiré le bon sens profond de cet historien, et Charles-Quint la sagacité de ses vues. Quant au style, il est simple jusqu'à la nudité. L'emploi parasite des particules; la maladresse avec laquelle les membres de la phrase se rattachent sans s'unir; la marche indécise des périodes; la faiblesse de la diction, sans cesse entravée par la conjonction *et*, lien unique et des paragraphes et des chapitres : trahissent l'embarras de l'écrivain qui lutte contre l'imperfection de l'instrument qu'il emploie. Souvent l'article est supprimé, ce qui abrége le discours et lui prête rapidité, force, naïveté. L'usage assez modéré de l'inversion et celui de quelques mots venus ou imités du latin ne nuisent point à la clarté de l'élocution. Le tissu du style est sans ornements, mais sans recherche, et ne manque pas d'une noblesse facile et même gracieuse : toute la pensée s'y découvre dans sa profondeur, dans son étendue et jusque dans ses nuances.

Pour apprécier le mérite de Comines, mérite isolé dans son époque, il faut le comparer aux chroniqueurs contemporains : à *Jean de Troy*, dont la plume scrupuleuse notait en style de greffier (1) tous les événements survenus dans Paris, le sermon

(1) Jean de Troy était en effet Greffier de la Sainte Chapelle.

d'aujourd'hui, l'orage de la veille, et décrivait avec la même bonhomie les détails d'une fête populaire, l'arrivée des ennemis, les bons tours que les dames de la capitale jouaient à leurs époux, et la misère du royaume. Il faut l'opposer au prolixe *Monstrelet*, attaché à la cour de Bourgogne, comme Philippe de Comines à celle de France, et qui trouvait à peine le moyen de faire entrer un demi-siècle en trois volumes *in-folio*. Décoré par la grossière raillerie de Rabelais d'un *beau chaperon vert et jaune à oreilles de lièvres*, pour désigner sa faiblesse et sa crédulité : diffus, et si j'ose répéter ici les paroles du cynique curé de Meudon, *baveux comme un pot à moutarde ;* sa fidélité, son exactitude, sa véracité, les titres et les pièces justificatives dont il appuie sa marche languissante, ne le classent point parmi les historiens, mais parmi les annalistes utiles.

Les Presses parisiennes donnaient au public beaucoup d'ouvrages ascétiques, de vieux romans, de satyres et d'allégories populaires : on trouvait cette invention économique (1), et l'on s'empressait d'acheter des livres. Alors nos conquêtes en Italie vinrent donner un nouveau mouvement aux esprits. Une lueur de liberté apparut aux regards étonnés des communes. *Masselin*, *Rochefort*, *Jean de Rely*, aux états-généraux convoqués sous Charles VIII et Louis XII, déployèrent, non de l'éloquence, mais cette franchise de langage et cette connaissance des affaires, les plus grands mérites des orateurs dans les assemblées politiques. *Claude de Seyssel*, écrivain élégant pour son temps, fit l'éloge de Louis XII sous la dictée de l'amour populaire. Le tour de sa phrase est déja plus formé ; l'imitation de la période latine se laisse apercevoir dans son style, qui ne manque ni d'harmonie, ni quelquefois même d'un coloris assez pur. Il sert de témoignage à ces progrès rapides du luxe et de la richesse publique, de l'élégance des mœurs et de la sociabilité, depuis nos expéditions d'Italie. On le voit s'étonner des grands bâtiments qui

---

(2) V. ce que dit *Molinet* de l'utilité de l'imprimerie pour les pauvres écoliers.

s'élèvent et de la magnificence jusqu'alors inconnue, qui pénètre dans la cour des rois.

Le premier effet que produisirent sur notre littérature à peine ébauchée les clartés qui émanaient de l'Italie, fut une surprise profonde, suivie d'imitations burlesques. Pendant quarante ans, les poètes abondent; mais quels poètes! Comparables à ces paysans ridicules, que nos auteurs comiques nous montrent devenus plus ridicules encore, sous le costume et les airs de fatuité qu'ils empruntent : *Molinet*, *Meschinot*, *Crétin*, abandonnent la diffuse et maligne naïveté de Jean de Meung, pour je ne sais quelle élégance affectée, consistant surtout dans le rapprochement des lettres et le cliquetis des syllabes. *L'Esprit* (dit Adisson) *étant le talent de trouver des ressemblances entre les choses ; on a été jusqu'à trouver de l'esprit dans les ressemblances entre les mots*. Telles étaient la science et l'art de cette école poétique, qui précéda immédiatement Marot (1). Assonances, allitérations, rimes triples, quadruples, entassées dans un seul vers, faisaient le mérite et le charme de cette poésie : voilà tout ce que Molinet et Chastelain avaient gagné à étudier *les bons compositeurs italiques* (2). Ils espéraient

> . . . faire à jamais vivre
> Les tran*chants* et les tou*chants* chants,
> Qui sonnaient sous leurs ad*roits* doigts (3).

Le fouet sanglant de Rabelais n'épargna pas ces poètes, qu'il comparait avec autant d'esprit que de justesse aux « carillonneurs de cloches. » Ceux mêmes qui croyaient imiter ainsi l'élégance italienne, trouvaient, quand ils s'abandonnaient à leur naturel, des traits ingénieux et d'heureuses images. Les caprices de l'amour n'ont peut-

---

(1) On sait quelle vénération il avait pour *le bon Crestin au vers équivoque*.

(2) Meschimot.

(3) Crétin.

être jamais été mieux exprimés que par le bon trésorier de Vincennes, Crétin :

> Œuvres d'amour sont œuvres de féerie,
> Un jour croissant, l'autre fois en décours.

Nous pouvons lire encore quelques passages du moine Alexis, et sourire de sa naïve humeur contre l'amour et les femmes. Jean La Fontaine, qui l'imita, et qui, comme lui, médisait des dames de manière à se faire pardonner ses injures, ne dédaignait pas non plus Coquillard, ce gai chanoine dont les tableaux sont si peu voilés, et qui, dans ses rimes redoublées et l'abondance de son style, poursuit si vivement les fats de la cour, les dames de haut parage, les amoureux et les maris.

Sectateurs non moins fidèles de la vieille poésie gauloise, d'autres rimeurs s'en tenaient soit à la chronique en vers, comme Chastelain, soit à l'histoire allégorique (1), comme Martial d'Auvergne, qui fit les Vigiles de Charles VII, « à neuf psaumes et à neuf leçons ». Jeanne la Pucelle,

> Cette pauvre bergière,
> Qui gardait les brebis aux champs
> D'une douce et humble manière
> A l'aâge de dix-huit ans;

y joue un rôle important et plein d'intérêt. Le style de complainte que Martial affecte, forme un singulier contraste avec le plan du poëme, où la Religion, l'État, l'Angleterre, la France, la Chevalerie, sont personnifiés; où tous ces personnages agissent et parlent; où se fait entendre l'accent naïf de l'amour du peuple pour ce roi, qui chassa l'étranger,

> Changea servitude en franchise
> Et malheur en prospérité (2).

---

(1) L'histoire allégorique de la conquête de Naples, par André Delavigne, est de la même époque.

(2) Martial d'Auvergne.

A la tête des poètes de la fin du 15e siècle brillèrent Jean Marot et Octavien de Saint-Gelais. Clément Marot, fils du premier, Mellin de Saint-Gelais, neveu du second, ont éclipsé leurs homonymes, qui ne méritent pas cet oubli. Jean Marot avait l'expression forte et heureuse, peu d'imagination, mais plus de savoir que son fils; poète en titre, attaché à la personne de Louis XII, il le servit de sa plume; et si l'on regrette de ne pas trouver dans ses rondeaux la charmante facilité de Clément, la versification en est assez ferme et le sens ingénieux. Octavien de Saint-Gelais aurait plus à se plaindre encore que lui du silence de la postérité et de l'injustice des critiques; il profita de l'exemple des Italiens, échappa au mauvais goût de Crétin, et essaya d'écrire avec quelque pureté. Plus allégorique que Jean de Meung et que Loris, il s'égare sans cesse dans les forêts de féerie; sa *Chasse* et son *Départ d'amours*, fiction confuse, offre une longue énigme sans intérêt. Mais souvent il devine cette règle, qui n'était encore qu'une élégance du langage, l'alternative des rimes masculines et féminines, loi qui ne fut en vigueur que cinquante ans après, sous le règne de Ronsard. On doit lui tenir compte de quelques inventions heureuses : telle est, par exemple, celle de l'île de l'Ambition, qu'il appelle *fausse Espérance.* Cette fée a beaucoup de vassaux; elle les conduit à son gré, fait mettre à la voile les navires, trouble la cervelle des petits et des grands, envoie des *lourdauts* à la cour, fait reluire les étendarts et sonner les trompettes,

> Et fait trotter maint roi, maint cardinal,
> L'un à Paris, et l'autre aussi à Rome
> Pour obtenir souvent moins qu'une pomme.

Tout se prépare et s'épure; la grâce de mœurs commence à naître; Louis XII, que la reconnaissance publique doit associer à Henri IV, forme la maison de la reine, appelle les dames à la cour, et y introduit ainsi l'élégance et le bon goût. Alors paraissent les premières feuilles volantes destinées à annoncer au peuple les nouvelles politiques (1). Les savantes familles des Badius et des Estienne accourent à Paris, où s'établissent leurs presses. Érasme visite la France. Déja les écoles se remplissent de jeunes gens avides de savoir. Octavien de Saint-Gelais essaie de traduire Virgile. Robert Gaguin, dont j'ai parlé plus haut, brille de tout son éclat. Les vieilles chroniques, les *Voyages de Mandeville*, la *Somme rurale de Jehan le Boutillier* se réimpriment à la fois. Le 16e siècle s'annonce par ce mouvement progressif vers la science; mouvement faible encore, et cependant sensible. Louis XII enrichit son pays d'une grande quantité de livres, nobles trophées de l'Italie, fait rechercher les meilleurs écrits de l'antiquité, attire dans sa capitale plusieurs savants distingués (2), et proclame (noble devoir d'un monarque) la liberté de l'esprit et l'indépendance de la pensée.

Sous ses auspices, le théâtre français cherche à sortir de ses langes grossiers. Le roi protége ses premiers essais et même ses écarts; persuadé que dans le libre développement de l'intelligence il n'y a de danger que pour les mauvais princes. Il veut que *vérité vienne jusqu'à lui* (dit un contemporain), et *que sur les théâtres libres on joue tous les abus de sa cour et de son royaume, espérant apprendre ainsi beaucoup de choses, qui autrement lui seraient cachées.* Il entendit en effet des leçons assez nouvelles pour un monarque. On le représenta sur la scène comme un malade qui a soif d'or, à qui l'on en fait boire, et qui meurt de l'hydro-

---

(1) On a conservé quelques-uns de ces monuments curieux, dont l'un, déposé à la bibliothèque royale, porte ce titre: *C'est la très-noble et très excellente victoire du roi Louis XII de ce nom, qu'il a heue, moyennant l'aide de Dieu, sur les Vénitiens.*

(2) Aléandre, Paul-Émile, etc.

pisie d'avarice. Mais le bon sens du peuple ne s'y méprit pas; il reconnut la vengeance des grands, dont l'économe Louis XII faisait languir l'avidité : la renommée du bon roi ne reçut aucune atteinte.

Le drame moderne était né sous les porches des églises, souvent dans l'église même. Mystères vénérés, croyances populaires, récits consacrés par les saints livres, traditions antiques mêlées de bouffonneries, se reproduisaient sur la scène sans causer de scandale, et ne faisaient que réveiller l'enthousiasme des sentiments dévots. Le christianisme, maître de toute l'existence humaine, couvrait, depuis dix siècles, de son voile mystique, les cendres des aïeux, le berceau des enfants, le lit nuptial, toutes les scènes de la vie, et dirigeait les mouvements de l'âme comme ceux des empires. Il avait pénétré toutes les institutions, établi les fêtes, dominé les trônes. Uni à l'amour, à la valeur guerrière, à l'agriculture, on l'avait vu bénir le glaive, créer la chevalerie, consacrer la charrue et les instruments de tous les métiers; envahir la science, et la transformer en théologie; usurper de la poésie pour la peupler d'êtres métaphysiques. Enfin il s'empare de la gaîté populaire : c'était un nouvel empire, et le plus précieux de tous.

Mais il ne jouit pas long-temps seul de ce privilége. Le génie dramatique et satyrique de la nation jeta en même temps sur la scène des caricatures et des saints. On joignit l'allégorie au drame. On inventa une espèce de souverain perpétuel et symbolique, ayant droit de suzeraineté sur un domaine immense, sur la sottise des hommes (1). Il abusa de son pouvoir, et souvent le parlement le força de se taire. Louis XII lui permit de tout dire, et donna l'essor à ses railleries. Le théâtre prit faveur. Hors de la scène même on se rapprochait involontairement des formes du drame. Nous avons vu Martial d'Auvergne changer l'histoire contemporaine en

---

(1) Le prince des sots.

une espèce de tragédie symbolique. Coquillard, outre son *Monologue des perruques*, avait écrit le *Dialogue de la Simple et de la Rusée*, parodie piquante des formes de la plaidoierie alors en usage; bizarre débat entre une femme naïve et une dame qui connaît le monde. La muse du théâtre cherche à secouer la barbarie gothique. *Jouveneaux* publie son *Commentaire sur Térence.* Cet écrit, lu avec avidité, prépare les auteurs dramatiques à se rapprocher de la vie réelle, et à s'occuper enfin des mœurs qui les entourent.

De cette époque date l'excellente farce de *Pathelin*(1), qui n'a pas vieilli depuis trois cents années, dont beaucoup de saillies ont passé en proverbe, et qui, légèrement retouchée, se donne encore, et fait toujours rire. La vivacité de l'action, la connaissance des hommes, l'instinct du vrai comique, étonnent dans cet ouvrage. On sait que le nom de *Pathelin* est resté à ceux qui jouent dans le monde le même rôle que le héros dans la pièce; gens qui, étourdissant leurs dupes par de vains discours et de *faux-semblants*, employant la flatterie, l'audace et l'adresse, arrivent à leurs fins, comme dit Guillemette,

> Par *Blasonné* (2) et atrapé,
> En vous payant du beau langage.

Dans ces essais la poésie était grossière, et la plaisanterie pleine de sel. Le vers de quatre pieds, d'une marche vive et d'une construction facile, y était presque exclusivement admis. C'était l'Iambe de nos ancêtres. On se moquait, sur le théâtre, des maris, des procureurs, des moines, des gens de loi, des rois, même des papes. Louis XII, menacé des armes spirituelles et temporelles de Jules II · Louis XII, qui s'appuyait sur les communes, ne dédaigna

---

(1) Attribuée à Pierre Blanchet. Le même sujet s'est retrouvé dans un vieux conte écrit en langue d'oc.

(2) *Flatterie.*

pas ce grand moyen de succès en France, la satire : il fit attaquer sur la scène l'impétueux pontife, si impolitique dans ses perfidies, si inconstant dans ses violences. Rien de plus curieux que cette farce politique, jouée à la Halle (1), devant le bon peuple parisien. C'est la grossière ébauche tracée par un Aristophane gaulois. *Pierre Grégoire* (tel était son nom, que l'on prononçait *Gringore*) a toute l'audace et la bizarrerie d'imagination, mais non la profondeur de pensée de l'auteur athénien. Tantôt personnifiant l'État, la France, le Peuple; tantôt faisant apparaître, au milieu de ces êtres allégoriques, le roi lui-même et sa cour : licencieux, spirituel, caustique; il ne veut que bouffonner et médire. Grégoire nous montre la *commune*, c'est-à-dire la masse du peuple, qui vient se plaindre que

> Sous ombre de bigoterie,
> On n'exécute rien d'utile,
> Fors rapiner et amasser.

Il faut entendre ce débat, entre l'hypocrisie, qui veut s'emparer de la nation, et la nation, qui ne veut pas d'elle : surtout il est curieux d'assister à la déconvenue de cette femme, qui, maîtresse par un larcin des habits de l'Église, prévend aux honneurs dus à la mère des fidèles, et finit par être reconnue

> Pour cette pauvre *Mère sotte*
> Qui l'Église a vêtu la cotte.

La même *Mère sotte*, commande en ces termes au bataillon des zélateurs qui la suivent :

> Allez, marchez tous à la fois !
> Frappez de crosses et de croix !
> Je suis la mère Sainte Église,
> Aurez pour votre vaillantise
> Largement de rouges chapeaux
> Et serez riches cardinaux.

(1) Le jour de mardi gras 1511.

C'était pour le service du roi très-chrétien, que Grégoire, hérault d'armes peu lettré, mais doué du talent de voir, sous leur aspect comique, les choses de la vie, traitait si lestement l'ambition profane, cachée sous un voile pieux. Grégoire a fait beaucoup d'autres pièces, *moralités* et *soties*; des poëmes aussi féconds en adages que les discours de Sancho-Pança; des allégories faiblement écrites, mais ingénieuses et faciles à comprendre. Tel est son *Château du travail* (1). Ses vers sont prosaïques, mais la saillie ne leur manque pas : c'est ce qu'on trouve le plus fréquemment chez nos vieux poètes. « *Jamais*, dit-il,

Jamais ne vis un sot, chargé d'argent
Aller attendre homme sage à sa porte.

Quand Grégoire marie les filles du Diable, et qu'il donne la *flatterie* pour compagne aux gens de cour; la *rapine* aux gens de robe; l'*usure* aux gens d'affaires; la *présomption* aux jeunes gens; l'*outre-cuidance* aux grands seigneurs; la *gourmandise* aux gens du commun et la *cathégorie* aux moines,

Disputants *et pro et contra.*

enfin, pour terminer ces alliances de son choix, quand il laisse la *sensualité* ou la luxure sans établissement, parce qu'il est sûr que tout le monde lui fera sa cour; ces inventions, qu'un peuple civilisé trouverait peut-être d'assez mauvais goût, prouvent cependant que celui qui les a conçues, avait reçu en partage la malice, l'esprit et la gaîté de l'imagination.

Le peuple courait toujours chercher au théâtre à peu près les mêmes émotions qu'au sermon. *Michel* et *Jean d'Abundance*, arrangeaient pour la scène la Conception, la Nativité, la Passion: quelque récent miracle; une conversion éclatante; les prétendues abominations d'un juif sacrilége; tout ce qui pouvait attendrir ou

(1) *Castel de Labour.*

édifier des ames crédules. Le style prêté aux personnages de ces pièces, semblerait aujourd'hui un peu moins élégant que le langage de nos halles. Mais alors c'était le style de la chaire; certes nous aurions tort de demander aux acteurs la décence que les prédicateurs n'avaient pas.

Ces derniers étaient les tribuns populaires d'une foule dévote. Comment faire comprendre aujourd'hui l'autorité dont jouissait leur impudence; le cynisme de leur morale; la grotesque familiarité de leurs leçons; et cette nudité dans les images; et cette gaîté satirique, cette licence déhontée, qui retracent d'une manière si vive l'état de la civilisation de leur temps? Comment ferions-nous connaître l'influence de ces bouffons, tout aussi «*folâtres*» que Villon l'avait été; réveillant leur auditoire par des contes qui auraient fait rougir Boccace, par de personnelles et véhémentes interpellations, par de brusques incartades, par des quolibets grossiers, par de folles imaginations; en un mot, par un désordre d'esprit et de bon sens, impossible à reproduire? S'ils veulent «être sérieux;» *ils prouvent* (1) *la charité par les sources du Nil, et l'abstinence par les douze signes du Zodiaque.* Toutes les ressources de l'érudition et de l'éloquence ne suffisent-elles pas? une tête de mort, renfermant de la lumière (2) et soutenue par un desservant, s'élève tout à coup au-dessus de leur tête, aux endroits pathétiques du discours. Les œuvres imprimées de ces orateurs, si véhéments comme on sait contre les *et cætera des notaires*, et les *qui pro quo des apothicaires;* offrent à peine, au milieu d'un latin macaronique, quelques paroles françaises; chaque phrase renferme douze ou quinze mots pour les doctes, un ou deux pour le peuple. Des commentateurs (3) ont cru que ces sermons, prononcés d'abord

(1) Érasme. *De arte concionandi.*

(2) V. Estienne, d'Aubigné, etc

(3) Le Duchat, etc.

en français vulgaire, avaient reçu de la plume ambitieuse de leurs auteurs, ce costume demi romain et demi gaulois. Quoi qu'il en soit, un caractère très-expressif et très-populaire se fait remarquer dans le peu de mots français, semés parmi leurs triviales invectives. Comme ce sont les mots que le traducteur n'a pas pu rendre en latin, ils formeraient presque un complet dictionnaire du vieux langage.

Ne nous arrêtons pas sur ces barbares prédécesseurs de Fénélon, de Fléchier et de Massillon (1). Leur réputation est faite. On connaît Maillard, dont Rabelais parodiait l'éloquence tousseuse, et qui marquait le mot *hem! hem!* à la marge de ses sermons. C'était lui qui s'arrêtait au milieu du prône, pour entonner une chanson populaire : d'ailleurs aimé de ses paroissiens, il osa braver du haut de sa chaire les menaces de Louis XI. Raulin, plus aride, débitait, avec une grave ingénuité, les contes dont il entremêlait ses discours, destinés à la nourriture spirituelle des fidèles. Singuliers orateurs, qui appartiennent à la fois aux dernières années du 15ᵉ siècle et au commencement du 16ᵉ, et qui ne manquaient pas d'une certaine verve d'invention. Dans cet amas de folies et de ridicules, tout n'est pas à dédaigner. La Fontaine peut avoir trouvé, dans un sermon de Raulin, l'idée première de son admirable fable des *Animaux malades de la peste*, que Raulin lui-même a emprutée aux prédicateurs du moyen âge.

Les écrivains qui approchaient de la cour, ceux surtout qui avaient suivi nos armées, s'écartaient de plus en plus de cette trivialité grossière. Cependant la narration conservait encore sa prolixe naïveté, son extrême incorrection. On traduisait, mais souvent à contre sens, Josèphe, Boëce, Boccace, l'Imitation de Jésus-Christ. L'amélioration était sensible dans la poésie : Octavien de Saint-Gelais, Jean Marot, et même Grégoire, ont plus de variété

(1) *Ménot, Pépin, Clérée, Maillard.* Les sermons ridicules, attribués à *Barlette*, ne sont pas de ce prédicateur italien.

dans leur diction et moins de confusion dans la phrase que Villon et Charles d'Orléans. Le patois picard, avec sa clarté méthodique et sa prononciation un peu sourde, était devenu peu à peu la langue française, et se débarrassait lentement de ses scories. Avant le règne de François Ier, on voit se manifester le progrès des études; nous l'observerons surtout chez un écrivain qui appartient à la fois aux deux époques et aux deux règnes sous lesquels il a vécu. Son talent caractérise très-bien ce point de transition entre la vieille littérature de la France et la littérature érudite du 16e siècle. Il marque ce premier mouvement de la science, prête à s'appliquer sans choix et sans ordre aux matières de goût.

Lemaire de Belges, élève de Molinet (1), maître de Clément Marot, attaché à Marguerite d'Autriche, servit, comme Jean Marot et Grégoire, la politique de Louis XII. Il écrivit, sous le titre de *Légende des Vénitiens*, un pamphlet véhément contre leur république : c'est ainsi que la littérature entrait de toutes parts dans les débats politiques. Frappé du progrès de la langue française, il regarda ce faible effort comme le point de sa perfection la plus haute; il soutint que notre idiome était fixé à jamais : et, dans sa comique assurance, il opposa Alain Chartier au Dante, et Meschinot à Pétrarque. Toutefois il lui sembla que notre versification n'était pas absolument sans reproches : le son vague et léger de notre E muet lui parut différer de celui des autres voyelles. Lorsque la césure portait sur cette inflexion à peine prononcée, comme dans ce vers

Blanche, ten*dre*, polie et accointée (2);

il reconnut que l'oreille, blessée, perdait le sentiment du rhythme. Le jeune Clément Marot, son élève, apprit de lui à *ne pas faillir*

---

(1) Mauvais chroniqueur en vers, qui a joui de quelque réputation dans son temps.

(2) Villon

en ce point, comme il nous le dit lui-même, avec beaucoup de reconnaissance pour son maître. Ce fut là le premier perfectionnement de versification qui eut lieu au 16e siècle; Jean Lemaire en doit revendiquer tout l'honneur. Docteur en diverses facultés, il soutint vivement la Pragmatique sanction, et déplora, dans une élégie, le trépas du perroquet de sa maîtresse. Ce perroquet, qu'il nomme *l'Amant vert*, a beaucoup embarrassé les critiques modernes, qui, faute de pénétrer le sens du symbole, sont entrés, à ce sujet, dans des explications aussi longues que plaisantes (1). C'est à Jean Lemaire qu'il faut rapporter les premières tentatives des grammairiens pour régulariser le langage, et même ceux de ces savants, pour recueillir nos souvenirs historiques. Les *Illustrations des Gaules*, son plus grand ouvrage, écrit d'un style qui, annonçant déja la prétention de s'emparer des dépouilles latines, est beaucoup moins clair que celui de Comines et de Seyssel, portent la trace du pédantisme, des recherches savamment hypothétiques, qui commençaient à s'introduire, et d'une affectation jusqu'alors inconnue. Mais tout était à faire : la critique manquait; la langue n'était pas arrêtée; l'érudition venait à peine de nous ouvrir ses trésors : et, sans partager l'enthousiasme de sa protectrice qui le nomme un *Caton*, un *Cicéron*, un *Barthole* et un *Ovide*, on est tenté d'attribuer à son siècle les défauts ridicules où il est tombé. Compilateur de Darès, de Dictys de Crète et d'Annius de Viterbe, il nous apprend comment le bas-breton est dérivé de la langue troyenne; ses dissertations critiques sur Francus, Hector, et tous ces héros auxquels s'était rattaché l'orgueil des nations du moyen âge, sont fort divertissantes. D'ailleurs tant de savoir, et cette espèce d'universalité étonnèrent ses contemporains. Il passa pour le père de la littérature renouvelée; Marot ne cite qu'avec enthousiasme *Lemaire le Belgeois*, qu'il compare et fait rimer avec *Homère le Grégeois*. Quoiqu'il eût de l'ima-

(1) V. la Bibliothèque de l'abbé Goujet. Il blâme avec un sérieux admirable l'imprudence des révélations de Jean Lemaire sur l'amour de Marguerite pour ce favori, *vêtu en verd*, *né en Éthiopie*.

gination, de l'érudition et de l'esprit, qualités brillantes, mais peu utiles, quand le goût ne leur sert pas de lien : à peine mériterait-il un souvenir de l'histoire littéraire, si ses œuvres ne désignaient un progrès et ne faisaient pressentir des perfectionnements nouveaux.

La France perd Louis XII. Après des guerres dispendieuses et des succès mêlés de revers, ce roi économe et populaire laisse le trésor libre de dettes. Le duc d'Angoulême, que Louis XII avait relégué dans un château de Touraine avec sa coupable mère, en sort et monte sur le trône. A une taille athlétique, à une noble physionomie, à une bravoure de soldat, à des goûts de galanterie licencieuse, à l'amour du luxe et de la somptuosité, le nouveau roi joignait un enthousiasme irréfléchi pour les anciens chevaliers ; une volonté despotique et étourdie ; aussi peu de bonne foi politique que tous les princes de son temps ; et le désir ardent d'égaler en tout les Médicis. Dès-lors tout change : le règne de ce monarque n'est qu'une longue fête, ou (comme le dit si expressivement Brantôme) « *une magnifique et superbe bombance ;* » éclairée de temps à autre par les bûchers où brûlent les hérétiques ; troublée par les querelles des théologiens, *plus cruelles*, suivant Mélanchton, *que les combats de vautours ;* interrompue par nos défaites, les inutiles exploits de Bayard, le supplice de Semblançay, et les vengeances du connétable de Bourbon. « Roi plus *spécieux* que solide, » comme le disait si bien Henri IV, il exerce encore aujourd'hui sur l'imagination une séduction puissante. Les seigneurs accourent et se pressent sur les marches de son trône ; la féodalité disparaît ; le mot et le métier de courtisan ont pris naissance. Prêtres, femmes, gentilshommes viennent adorer en foule ce nouvel astre d'une royauté, brillante de tout l'éclat d'un luxe qui épuise le peuple. Pour la première fois, les maîtresses des monarques prennent insolemment leur place à côté des reines. Les chasses, les tournois, les mascarades, les bals, les concerts se succèdent au bruit des armes. De splendides palais s'élèvent; d'admirables copies de la Vénus de Médicis et de l'Apollon du Belvédère viennent, conduits par le Primatice, embellir les jardins de Fontainebleau. Les revenus de l'état se dissipent, et la magnificence du camp du Drap-d'Or insulte à la misère de la France; mais les brillants palais de Chambord et du Louvre consolent le roi des malheurs qui accablent son peuple et lui-même. Il consulte Lascaris et Budé, écrit à Érasme, visite les ateliers de Cellini et de Vinci, s'égaie avec Marot, rit du cynisme de Rabelais, s'entoure de jurisconsultes, de savants et d'imprimeurs. La volupté, la licence, l'érudition occupent les loisirs savants et galants d'une cour, que de plus graves intérêts auraient pu attrister. Des professeurs de grec et des femmes aimables s'asseyent à la table du roi: pendant que l'on massacre les Vaudois, un conseil littéraire et une cour d'amour absorbent toutes les pensées de François Ier. La richesse, les honneurs, la faveur royale deviennent les récompenses du savoir. La roture, bien accueillie pourvu qu'elle soit érudite ou élégante, vient partager les plaisirs des courtisans; la langue française se nationalise; les écrivains se multiplient; le mouvement général est puissamment servi par le caractère et le génie du monarque. Si l'histoire et la politique ont plus d'un reproche à lui faire, il brille d'un éclat durable dans nos annales littéraires: les fautes et les malheurs de son règne semblent disparaître dans la splendeur dont le trône s'environne. Les contemporains en furent eux-mêmes éblouis; et l'on ne peut s'étonner que plus d'un écrivain, oubliant tant de folles dépenses, de sanglantes exécutions, de perfidies impolitiques, n'ait point vu la situation véritable du royaume, si bien décrite par Fénélon : *Le peuple ruiné, la guerre civile allumée, la justice vénale, la cour livrée à toutes les folies des femmes galantes, et tout l'état en souffrance.*

Ce fut au milieu des premières fêtes de cette cour, qu'un page de vingt ans offrit à un roi, qui en avait dix-neuf, une allégorie sur l'art d'aimer, son premier essai poétique. Ce jeune homme, fils de

6.

Jean Marot, aspirait à la double succession de son père, qu'il effaça bientôt comme poète et comme homme aimable. Véritable modèle de l'ancien caractère français : léger, jovial, railleur; jeune page à bonnes fortunes; plein de vanité, d'esprit, d'habileté, d'étourderie : sa vie amoureuse, poétique et guerrière a réuni tout ce qu'il y avait de contrastes piquants dans les vieilles mœurs de notre nation. Voluptueux et caustique, dévôt et licencieux, ses querelles avec la Sorbonne et avec ses maîtresses ont agité son existence, et mis plus d'une fois ses jours en péril, sans jamais nuire à la nonchalance moqueuse de son esprit. La violence de ses goûts, l'inconstance de ses passions; beaucoup de libertinage dans les habitudes de sa vie, une délicatesse respectueuse pour les objets de ses amours honnêtes (1); un mélange de grace, de grossièreté, de naïveté, de prodigalité, d'insouciance, de courtoisie et de ferveur protestante, le signalent à l'observation et à l'étonnement du philosophe. Cette vie romanesque prêtait aux embellissements de la fiction : de graves auteurs lui attribuent d'ambitieuses galanteries; quoi qu'il en soit, toujours protégé par les femmes, toujours poursuivi par les docteurs, il ne cessa jamais de servir les unes et de railler les autres. Ennuyé de la chicane à laquelle on le destine, et de cet antre des procès,

> Où sans argent pauvreté n'a raison;

il est à quinze ans acteur dans la troupe des *enfans sans souci;* devient page de Marguerite de Valois, et le favori de cet aimable princesse; puise, dans le commerce des grands et des dames, ce ton léger et gracieux que Villon n'avait pas connu; échange le patois du Quercy contre la langue française :

> ... dans les cours estimée,
> Laquelle enfin quelque peu s'est limée.

(1) V. ses ballades et ses chansons pour Marguerite.

Et tour à tour blessé à Pavie près de son maître, emprisonné au Châtelet, transféré à Chartres, accusé d'hérésie, menacé du bûcher, consolé par les princesses, protégé par le roi; poursuivi par la Sorbonne; rimant toujours ses infortunes, ses épigrammes, ses remercîments et ses amours; après des tracasseries journalières, des fuites fréquentes, un long exil en Italie, où Renée de France l'accueille, termine une vie si orageuse par une mort prématurée hors de son pays natal.

Héritier naturel de Charles d'Orléans et de Villon, c'est *Marot* qui a épuré les divers genres où ils se sont distingués, et réuni les plus aimables traits du vieux génie de sa patrie. Il joint plus de finesse, d'élégance, de souplesse, des saillies plus brillantes à la naïveté satirique ou gracieuse qui les caractérise. Supérieur à tous ceux qui l'ont précédé, il suit leurs traces, et bientôt il les devance. Son premier ouvrage est encore une allégorie dans le goût antique; mais il sait en rajeunir l'ensemble par le charme des détails. Il ne tarde pas à quitter ce genre faux que tant d'écrivains avaient épuisé. Des épîtres légères où une causerie facile, semée de bons mots et de vers charmants, s'exerce tour à tour sur tous les sujets; des épigrammes tournées avec une brièveté piquante, ou une facilité spirituelle; des satires qui ressemblent à ses épîtres; et des chansons légères : tels furent les produits de sa muse, peu ambitieuse, folâtre, maligne, négligente, et pourtant immortelle.

Il a tous les anciens défauts de la versification française; et le seul progrès en ce genre que l'on remarque dans ses œuvres, est ce perfectionnement de la césure, que Lemaire lui avait enseigné. Les vers, masculins ou féminins, se succèdent et se confondent chez lui, sans aucun ordre. Il abrège ses mots quand le nombre de syllabes l'embarrasse; et s'il est moins prodigue que Villon de parenthèses et d'enjambements forcés, il fait heurter aussi souvent que lui voyelle contre voyelle. D'ailleurs rien n'est plus facile et plus élégant que le tour de ses vers. Déja perfectionné par l'exemple des Italiens et des Latins, s'il n'essaie pas de renverser, comme devait le tenter Ronsard, notre système de poésie, il emploie avec une facilité sans égale tout ce qu'elle lui offre, et ne semble jamais avoir besoin de ce qui lui manque. C'est une aisance, un laisser-aller, un naturel parfait dans la plaisanterie ou la satire, dans l'expression de la mélancolie ou de la gaîté; un talent délicat (et très rare alors) de voiler des traits hardis sous la décence ingénieuse du langage. Pasquier, panégyriste exalté des poètes de la Pleïade, louait encore, vingt ans après, *la fluidité de sa veine.* Nul écrivain ne possède en effet une flexibilité plus heureuse. Une sève poétique, naïve, spirituelle, anime tout ce qu'il a écrit; il semble avoir peint son propre talent, en décrivant l'inconstante étourderie de sa jeunesse :

Sur le printemps de ma jeunesse folle
Je ressemblais l'hirondelle qui vole,
Puis ça, puis là; l'âge me conduisait,
Sans peur, ni soins, où le cœur me disait.

Le seul essai malheureux de sa muse fut cette traduction des psaumes, que François Ier admirait, et que les courtisans chantaient sur des airs de vaudevilles : la noblesse et l'élévation qui manquaient à la vie errante et folâtre de Marot, manquaient également à sa poésie. Mais veut-il demander au roi un peu d'argent avec promesse de le lui rendre.

Dès qu'on verra tout le monde content;

ou faire valoir cette bonne *cédule*, si bien paraphée, que François Ier

N'y perdra que l'argent et l'attente ?

Se plaît-il à raconter d'un ton lamentable et plaisant le tour que lui a joué

. . son valet de Gascogne,
Gourmand, ivrogne et assuré menteur,
Pipeur, larron, jureur, blasphémateur,
Sentant la hart d'une lieue à la ronde,
Au demeurant le meilleur fils du monde.

En un mot, faut-il louer ou railler, rire ou médire? *Clément Marot*, sans effort, sans recherche, se place au premier rang parmi nos poètes. Il use rarement du vers alexandrin, et préfère le vers décasyllabe, rhythme favori des anciens auteurs. Personne (Voltaire excepté), ne s'en servit avec autant de grace et d'audace; il en sait tous les secrets; il se joue en le prononçant; vous diriez sa langue naturelle. Poète charmant, l'homme le plus spirituel de son temps: ses défauts même tiennent d'une manière si intime à son pays, à son époque, à son caractère; il y a tant d'ingénuité dans les travers et les irrégularités de ses mœurs et de ses ouvrages, que l'on partage aisément cette vive sympathie que le *gentil maître Clément* excita long-temps après sa mort, et cette sorte d'idolâtrie que La Fontaine, J. B. Rousseau, La Bruyère consacraient à sa mémoire.

Telle fut la vie, telle est la gloire du plus aimable railleur de son siècle, de celui qui a le plus gracieusement médit des gens d'église et des gens de robe, et le mieux parlé du *beau train d'amour*. Protectrice de sa jeunesse, l'aimable *Marguerite de Navarre*, sœur de François Ier, unissait, comme lui, des contrastes de caractère assez piquants; un sentiment religieux très-vif, à une tendresse romanesque; et le double talent de narrer agréablement des contes fort libres, et de composer des comédies pieuses. Savante, vive, spirituelle et jolie, elle avait en outre une bonté tolérante, l'amour des talens et le besoin de les protéger. Dolet et Berquin, tous deux brûlés dans la suite comme hérétiques; Jean Calvin, Charles de Sainte-Marthe, Roussel, Pierre Caroli, Quintin, le savant Lefèvre d'Étaples, Érasme, surtout Clément Marot, son page et son ami, lui durent un asile et des secours contre la persécution des Béda, insensés qui poursuivaient la science comme ennemie de Dieu et du trône. Consacrons un souvenir de reconnaissance, d'amour, d'admiration, à cette jeune femme douée d'une ame si forte et si douce, qui osait à la fois contenir l'exagération des uns et réprimer la frénésie des autres; dont l'héroïsme allait partager la captivité de son frère, et subissait les calomnies de la cour et de la Sorbonne; et qui, cédant aux mouvements de sa compassion courageuse, s'exposait aux outrages de ces gens de collége qui la représentaient sur leur théâtre comme une Furie.

Une mollesse assez élégante caractérise ses poésies : il y a de l'invention et de la facilité dans sa prose. La liberté des contes qu'elle « composait dans sa litière, en allant par le pays», est un nouveau trait à ajouter au tableau des mœurs de la cour. La sœur du roi se fût-elle permis des plaisanteries dont elle eût dû rougir devant son frère? Calqué sur le *Décaméron* et sur les cent nouvelles de la cour de Bourgogne, cet ouvrage, rempli d'imagination et de variété dans le style, fit les délices des plus hautes sociétés du tems. Marguerite prétend y avoir rassemblé «*tous les tours d'adresse joués* »*par les femmes, à leurs amants et leurs maris.* » N'examinons pas si elle a complétement rempli le cadre ambitieux qu'elle s'est tracé. L'*Heptaméron* est un monument curieux de notre langage : La Fontaine l'estimait et le mettait à contribution. Certes, la princesse contait avec esprit : mais ses récits ont cessé d'être de bonne compagnie; et si Duclos a raison d'affirmer que « les femmes honnêtes « ne se fâchent jamais de la liberté des paroles »; nous pouvons trouver que les honnêtes femmes de ce tems abusaient un peu du privilège de leur vertu.

Le roi, qui faisait aussi des vers, n'oubliait rien pour environner de considération la culture des lettres. Il faisait fondre les beaux caractères de Garamond, et dotait richement les chaires du collége royal de France. Déja Luther s'était annoncé par de violentes prédications : l'Allemagne était en feu; Rome fulminait. Jean Chauvin, qui devait prendre un peu plus tard le nom redoutable de Calvin, commençait à répandre une nouvelle doctrine. Autour du roi s'agitaient les passions violentes d'un double fanatisme : l'un, armé de l'autorité des siècles et de la force d'une longue possession; l'autre, enhardi par les débauches et l'ignorance du clergé; fier du savoir qui distinguait ses prosélytes; ardent, fougueux et enthousiaste. Aux arguties de la réforme on répondit par des supplices : la réforme grandit dans les tortures.

Ce fut alors que *Calvin*, à peine âgé de vingt-six ans, déja fugitif pour cause de religion, adressa au roi son *Institution chrétienne*. le premier ouvrage en prose où, depuis les mémoires de Comines, la force de l'esprit ait imprimé à la langue française ce caractère énergique et puissant qui n'émane que des grands intérêts et des passions fortes. D'une immense activité, d'une fermeté inflexible, d'un raisonnement austère, Calvin, dont la timidité devint intrépide par le fanatisme, Calvin, conquérant de la pensée, nouveau Lycurgue, qui changea un petit peuple grossier en corps de nation religieuse et brave, a été souvent jugé comme chef de secte, comme législateur, et non comme écrivain. Cependant (1), de l'aveu des hommes qui ont le mieux étudié le développement de notre langue, il marche à la tête de tous les prosateurs du 16ᵉ siècle. La dédicace de son Institution chrétienne est un chef-d'œuvre d'adresse et de raisonnement; et le livre tout entier, écrit d'un style ferme, souvent pur, quelquefois avec une austère véhémence, semble un prodige pour cette époque. C'est là qu'il rattache aux devoirs religieux les devoirs de citoyen, et fait découler de la même source ceux des magistrats, ceux des rois et les actes de la vie publique et privée, avec cette hardiesse de déduction et cette rigueur de logique dont l'auteur des *Provinciales* a donné dans la suite des exemples si admirables. Le dernier livre,

(1) V. Pasquier, Patru, M. F[s] de Neufchâteau, etc.

sur la Politique, est surtout remarquable; il ordonne aux rois la justice, aux peuples l'obéissance; condamne toute révolte avec l'assurance d'un homme né pour être maître, et abat toutes les supériorités devant Dieu. « Écartez, dit Calvin au monarque, « écartez de vos oreilles les conseils perfides des calomniateurs, « dont la venimeuse iniquité vous pousse à des cruautés qui sont « éloignées de votre cœur; faites cesser ces impétueuses furies, qui, « sans que vous y mettiez ordre, exercent toujours cruauté par « prison, fouets, géhennes, tortures et brûlures. Voyez le sort de « ces malheureux qui, pour vouloir connaître un seul vrai Dieu, « sont, les uns détenus en prison, les autres menés à faire amendes « honorables, les autres bannis, les autres tués; tous, en tribula- « tion, tenus pour maudits et exécrables, injuriés et traités inhu- « mainement. » Et cependant (ajoute-t-il avec ce mélange d'énergie et de finesse, de respect et de force, empreint dans tout son ouvrage); « Ces hommes, si barbarement chassés de leurs maisons, « ne cessent point de prier pour vous! »

Quant aux formes matérielles et pour ainsi dire extérieures du style, Calvin, moins lent dans sa marche que Claude de Seyssel et Comines, moins élégant que le premier, moins pittoresque que le second, l'emporte sur tous les deux par une précision que notre langue ignorait avant lui : point de mots inutiles; il procède par des traits vifs, qui conviennent à son argumentation pressante, et supprime les articles dès qu'ils ne lui semblent pas indispensables. Ce style nerveux, qui s'accorde si bien avec la rigidité de son caractère, et qui en est l'expression, l'élève au-dessus de presque tous les écrivains qui le précédèrent, et l'égale même à quelques-uns de ceux qui le suivirent. Ses expressions sont antiques, mais toujours fortes; sa véhémence est exempte de déclamation, son érudition de pédantisme. Souvent une de ses phrases renferme et voile le sens d'un long paragraphe. Économie de mots bien digne d'éloges, dans un siècle où leur abondance semblait, à presque tous les écrivains, la preuve de l'étendue de l'esprit. Ce mérite fut senti des critiques du temps. « N'oublions pas Calvin (dit un ancien au« teur, qui l'appelle un des *pères de notre idiome*), homme re« muant le possible, bien que du milieu de son étude et de ses « livres; car la langue française lui doit une infinité de beaux traits. »

Pendant que le langage acquiert de l'aisance dans les conversations des courtisans et de la précision dans les controverses, d'autres causes contribuent encore à ses progrès. Louis XII avait échoué dans son projet de détruire le latin barbare, usité dans les tribunaux et dans les transactions sociales. En dépit de son ordonnance de 1512, on disait toujours au parlement: *Debotavimus et debotamus.* Tabellions et jurisconsultes ne voulaient point déroger jusqu'au langage vulgaire. Fatigué de cette barbarie, François Ier (et cet acte seul justifierait son titre de *Restaurateur des lettres*) fait déchoir enfin de son rang la prétendue langue latine, consacrée par un si grotesque et si solennel emploi. La mauvaise latinité expire. Adopté par le gouvernement, le français s'élève au rang qui lui est dû. Alors on commence à traiter la grammaire française comme une science, et l'érudition, encore informe, que j'ai signalée chez Jean Lemaire, se développe peu à peu. *Palsgrave* fait imprimer à Londres une grammaire française. *Dubois* en publie une autre à Paris. L'invention de l'accent aigu sur l'*é* est due à cet auteur, qui a eu soin de se nommer *Sylvius* et d'écrire sa grammaire française en mauvais latin. On lui a aussi attribué l'honneur d'avoir distingué nos trois sortes d'*e;* mais Geoffroy *Tory*, célèbre parmi les bibliomanes par son *Champ-fleury*, avait déja fait cette distinction, ou plutôt cette découverte. Pour connaître l'état de la science de ce temps, où les professeurs du Collége royal commençaient à expliquer au public Ovide et Pindare, il faut lire l'ouvrage du libraire Tory. Il compare la forme des lettres à celle des membres du corps; prouve que tous les caractères romains dérivent de la déesse *Io*, parce que ces derniers se composent tous d'un *i* et d'un *o*, et trouve des rapports allégoriques, très-subtils, entre les dix lignes qui, selon lui, subdivisent chaque lettre, et les noms d'Apollon et des Muses. Curieux monument de puérilité et de folie, qui contient cependant (outre la distinction de l'*e* muet, de l'*è* grave et de l'*é* aigu, alors aussi nouvelle qu'utile) quelques bonnes pages sur la prononciation, et une apologie de la langue française, digne d'être encore consultée.

Florimond compose après lui son Traité de l'orthographe, où il propose l'emploi de l'apostrophe, que tous les imprimeurs s'empressent d'admettre. Protégée par le monarque, la langue a retrouvé ses titres de noblesse. Les savants eux-mêmes la traitent avec égards; et *Budé*, qui coopéra si puissamment à répandre en France le goût des lettres antiques, s'abaisse jusqu'à écrire son *Institution d'un prince*, en français un peu grec et même hébraïque, dont un triple lexique peut faciliter l'intelligence, et qui prouve la haute faveur dont notre langue commençait à jouir. On voit ici commencer ce grand mouvement, imprimé par l'érudition naissante, mouvement qui n'est pas inutile à la langue française. De toutes parts on s'efforce de la fixer, de la réduire en système. Plusieurs perfectionnements notables, l'invention de l'accent aigu, celle de l'apostrophe, suffiraient pour attester le progrès que je signale.

De tous les genres de littérature que François Ier protégeait, il en était un qui flattait ses goûts, son caractère et son orgueil. Depuis que la chevalerie n'existait plus, on raffolait de chevalerie. Dans tous les temps on a vu des institutions tombées exciter un enthousiasme tardif et factice, exalter les esprits, et ne donner aucun résultat. Ainsi l'empereur Julien espérait faire revivre l'ancienne mythologie; ainsi le platonisme éteint, se régénérant tout à coup au 15e siècle, trouva dans les Médicis d'ardents sectateurs. François Ier et sa sœur poussaient cet amour de la chevalerie jusqu'à l'engouement. Souvent le monarque se présentait au milieu de sa cour, vêtu comme un preux, une lance à la main et la barbe teinte. *Quiconque eût voulu blâmer les Amadis*, dit le brave capitaine Lanoue, *on lui eût craché au visage.*

Alors reparurent tous les héros et toutes les héroïnes de nos romans du moyen âge (1) : Cléomades, la belle Clarémonde, Olivier, Lancelot, Tristan de Léonois, personnages galants, aventureux, d'un courage sans égal, d'une admirable patience en amour, et d'une force aussi prodigieuse que celle des héros d'Homère. Leur origine, sur laquelle on a beaucoup discuté, remonte évidemment à cette époque où le christianisme et les mœurs guerrières, s'unissant et se combinant par un phénomène inoui dans les annales du monde, produisirent la confrérie militaire et pieuse qui entreprit les croisades. Les fables gigantesques des nations idolâtres du Nord s'allièrent aux croyances de la religion nouvelle. Des traditions, des souvenirs historiques se mêlèrent à des inventions extraordinaires et quelquefois heureuses. Traduits dans la plupart des langues modernes, et quelquefois en latin, ces romans devinrent la propriété commune et la gloire littéraire de l'Europe féodale. Chaque nation imprima aux mêmes fictions un caractère particulier : créations originales, où il ne faut chercher ni la raison ni la perfection du goût ; mais naïves, pleines d'invention, très-précieuses pour l'histoire des mœurs, et qui inspirèrent deux chefs-d'œuvre. L'un fut le poëme d'Arioste, où ce poète plein de grace a réuni tous les enchantements de la romancerie française; l'autre fut le Don Quichotte, plaisante et sublime épitaphe de cette chevalerie, que Cervantes sut faire admirer en l'accablant de ridicule : seul exemple peut-être d'une ironie aussi douce qu'elle est puissante, d'une parodie où tout est comique et où rien n'est ignoble, d'une raillerie sans amertume et non sans force, d'une satire où l'exagération du bien est condamnée, sans que l'enthousiasme de la vertu soit avili.

---

(1) . . . . *Lancelots et Rolands*
Le qui ly Ménestrels font ly nobles romans.

Ces naïves peintures de l'amour héroïque et de la loyauté chevaleresque eurent beaucoup de vogue au commencement du 16e siècle. Le roi, qui les aimait, victime à Madrid de son imprudence, lut dans sa prison l'Amadis espagnol. Enchanté de cet ouvrage, il résolut de le faire traduire en français. Le seigneur d'*Herberay-des-Essarts*, chargé de cette tâche, la remplit avec succès. Un style plus fleuri et plus pompeux que celui de Calvin et de Comines, de l'abondance dans les expressions, quelquefois de l'élégance, souvent de la prolixité, justifient en partie l'immense succès dont la traduction des Amadis, dédiée au roi, imprimée avec magnificence, a joui si long-temps. Les savants qui commençaient à se réconcilier avec leur langue maternelle, regardèrent d'Herberay comme l'auteur de sa fixation définitive. Cet ouvrage se répandit jusque dans les couvents, au dire de Brantôme. Les prédicateurs crurent devoir l'honorer de leurs anathèmes: « Voilà, s'écriaient-ils, une ruse de Satan, pour introduire dans les retraites de la piété le poison des passions humaines. » « *Ut suaviùs venena influerent*, » dit avec courroux le révérend père Possevin. Ces amours, ces tournois, ces prodiges, faisaient oublier les choses divines. On était « ensorcelé comme au coup de sifflet d'un enchanteur. » Courtisans, jeunes gens et femmes, quittaient tout pour lire les Amadis; si Luther avait ébranlé l'Allemagne par l'audace de ses doctrines, il était réservé aux romans de chevalerie de « faire pénétrer en France le luthéranisme par une voie plus secrète et plus mystérieuse. »

Le nombre de la période, et même le choix des mots, doivent beaucoup à d'Herberay-des-Essarts: il a su reproduire dans sa traduction quelque chose de cette harmonie pompeuse qui caractérise la langue espagnole; et l'on pourrait, sans trop de hardiesse, le nommer le Balzac de son temps. La langue française, malgré les efforts isolés de quelques esprits éminents, manquait encore de noblèsse. Le naïf et le vulgaire s'y confondaient à chaque instant. Des-Essarts imita le premier la marche grave et périodique de la phrase castillane. Il essaya plusieurs changements qui ne réussirent pas, comme *calonier* pour *calomnier*, *amonester* pour *admonester:* mais c'est avec lui que s'annonce la recherche de l'harmonie dans le style, et d'une certaine solennité dans la pensée et l'expression; qualités mêlées de défauts, mais dont le germe devint fertile, et d'autant plus utiles, que c'étaient précisément celles qui nous manquaient.

La manie chevaleresque du prince gagna jusqu'aux poètes; chacun d'eux eut sa devise, son écu, la dame de ses pensées; le Parnasse se para tout à coup de magnifiques et ridicules emblèmes. Faut-il nous occuper long-tems de Jean Bouchet « traverseur de voies périlleuses»; de Michel d'Amboise, « l'esclave fortuné », c'est à dire le jouet de la fortune; de Jean le Blond « l'humble espérant»; de François Habert «le banni de Liesse»: troupe de Don Quichottes poétiques qui ne chantaient plus, qui *blasonnoient?* Tous les membres du corps humain eurent leur blason : on fit le blason des cheveux, du sourcil, de l'œil, du cou. On introduisit l'art héraldique dans l'art poétique. Après Marot la poésie recule vers la barbarie; comme si l'esprit humain ne pouvait s'avancer que par une ligne tortueuse et de longs détours, vers le but où il tend.

Cette nouvelle et ridicule école prétendait à la pureté, à la chasteté, même au platonisme. *Héroet*, évêque de Digne, érigea en doctrine amoureuse le spiritualisme de Dulcinée. A cette *Parfaite Amye* (tel était le titre du poëme), *La Borderie* opposa un autre modèle de beauté féminine, doué de perfections plus mondaines : il la nommait l'*Amye de cour*. *Fontaine*, à son tour, prit en main la défense du platonisme, et dans sa *Contr'amye*, essaya de rabaisser le mérite de cette dame de cour, tant louée par La Borderie. Enfin, pour compléter le cérémonial de ce poétique tournoi, Paul *Angiez* entra le dernier dans la lice, et se joignit à La Borderie. Tous ces poëtes, remplis d'affectation, joignent, aux défauts de versification, alors en usage, un style alambiqué, des pensées puérilement quintessenciées, de pénibles jeux de mots. Ils sentaient qu'il y avait quelque chose de mieux à faire que de rimer négligemment

> Chansons, ballades, triolets,
> Mottets, rondeaux servants et virelais,
> Sonnets, strambotz, barzelottes, chapitres,
> Lyriques vers, chants royaux et épîtres (1);

ils essayaient de perfectionner la poésie, et s'efforçaient d'atteindre une certaine noblesse sentimentale, qui s'accordait d'ailleurs avec l'étiquette chevaleresque dont le roi faisait régner le vain simulacre dans sa cour. Quelquefois on trouve dans leurs vers, des passages heureux et le sentiment de l'harmonie. Mais ce n'étaient là que des fleurs artificielles; un quatrain de Marot valait mieux que leurs longs et froids poèmes sur la métaphysique du cœur.

Pendant que cette affectation se répandait à la cour, la gaîté populaire et française se conservait intacte dans les rangs inférieurs de la société. Les vieilles habitudes de nos mœurs bourgeoises luttaient contre cette civilisation, empruntée à l'Italie et à l'Espagne. Le besoin de railler et la franche joie du peuple éclataient de temps à autre en saillies fort peu délicates : la cour elle même n'avait pas entièrement renoncé à la bouffonnerie ; la grossièreté s'y trahissait encore sous la recherche de l'élégance. Alors, dans le même palais, de graves cardinaux dissertaient sur l'amour; un roi guerrier s'occupait de grec; et Triboulet amusait les dames de ses farces indécentes : tout ce que nous appelons convenances, fruit d'une longue expérience sociale, n'était pas même connu (1). Les fous, que le moyen âge avait établis auprès des princes, restaient en pleine possession de leur charge. On voyait Henri VIII,

---

(1) Héroët.
(2) V. Brantôme.

cruel monarque, barbare époux, maître capricieux, amant jaloux, ami faible et juge sanguinaire, se laisser railler par le nain Patch, son favori : Brusquet jouissait au Louvre du même privilége, et toutes les cours de l'Europe subissaient la critique de ces hommes, « qui avaient (1), dit Shakespeare, la parole libre comme l'air. » Quelques esprits bizarres venaient d'imiter, dans leurs écrits, la burlesque audace des bouffons autorisés; chez les Italiens, Théophile Folengo, surnommé Merlin Coccaye, avait créé récemment la langue macaronique, patois composé de débris de toutes les langues, et qui lui servait à exprimer des vérités audacieuses et d'étranges imaginations. C'était un prêtre. Le sacerdoce se montrait alors fort enclin à la gaîté. Dans les provinces, surtout, les bons prêtres qui n'avaient, comme le dit Villon, *rien à faire* qu'à

Boire hypocras, à jour et à nuitée (2),

étrangers, par leur éloignement de la capitale, à l'influence des nouvelles mœurs italiennes, se livraient, sans réserve, à la verve de leur gaîté, quelquefois à une jovialité effrénée. Il faut lire, pour s'en faire quelque idée, la légende de maître *Pierre Faifeu*, écrite par le chapelain *Bourdigné*, Angevin. C'est le récit innocemment exact et naïvement complet de tous les tours d'escroquerie, d'adresse et de débauche, attribués à Pierre Faifeu, écolier d'Angers, le Villon de son pays. Le bon chapelain ne voit rien que de plaisant dans les espiégleries dont il donne le détail, et dont la plus légère est digne de la corde. Sa légende édifiante renferme, d'ailleurs, quelques traits de bon comique. Ainsi, notre écolier, converti à la morale, se marie; et dès qu'il est en ménage, meurt de mélancolie.

Un autre prêtre bourguignon, Roger de Collerye, a mérité une immortalité populaire : c'est le prototype de notre *Roger Bon-*

(1) V. le rôle du *Clown*, d'*As you like it*.

(2) Ballade des Contredits.

temps : nom expressif, qu'il avait adopté, et qui a fait fortune. Tout le monde est familier avec ce gai personnage, qui jouit encore d'une existence historique, bien qu'on ait cessé de lire son volume de Joyeusetés, et ce recueil d'épitaphes plaisantes, qui forme la partie la plus comique des œuvres de Roger Bontemps.

Ainsi le génie burlesque et la manie de l'héroïsme s'élevaient et grandissaient à la fois. Ce fut alors qu'un autre prêtre, doué d'un esprit aussi vaste que bizarre, s'avisa de faire la satire de son siècle, en rassemblant dans une monstrueuse épopée tous les traits hétérogènes qui s'offraient à son ironie; en parodiant à la fois les merveilleuses prouesses de la chevalerie ressuscitée, les prétentions platoniques et scientifiques; la luxure des moines, leur ignorance, leur érudition ridicule; en réunissant dans un même cadre toutes les bouffonneries du moyen âge, tous les caprices de son époque, toutes les extravagances qui l'environnaient.

Quel est ce personnage étrange, à demi homme, à demi brute, comme le Caliban de l'auteur anglais? quelle Bacchanale l'environne et le suit? Des géants, des nains difformes, se pressent autour du char qui le porte; ils traînent des objets révérés avec de longs éclats de rire. Leurs jeux obscènes effraient les regards; et la diversité de leurs costumes, l'audace de leur verve, la singularité des masques qu'ils empruntent et qu'ils déposent, répandent une contagieuse gaîté. Voyez le roi de ces saturnales, le père de cette troupe folâtre, fille de la folie et de la débauche; monté sur un chariot dont la forme rappelle la cuve de nos vendanges; revêtu du froc, l'œil aviné, appuyé sur les faciles compagnes de ses plaisirs et suspendant à sa marotte la couronne des rois, le rabat du prêtre, le cordon du moine et l'écritoire des pédants? Merveilleux assemblage! Impitoyable et hardi railleur! Il passe devant les palais et les auberges, se moquant avec une égale licence des monarques et des paysans du Bas-Poitou, confondant la carte de l'Europe avec celle de la Touraine; raillant à la fois le vainqueur de Marignan, celui de Pavie, et le tavernier de son village. Dans son incroyable insolence, le curé *Rabelais*, raille non-seulement les moines, les capucins, les *évégôts*, les *cardingôts*, mais le pape lui-même, mais les mystères de la religion: et le bûcher qui dévore Servet, prêchant l'unité de Dieu, s'éteint pour cet homme qui, de toutes les puissances du ciel et de la terre, ne respecta jamais que *la dive* bouteille et « sa quintessence sacrée. »

Ce fou cynique, dont nous admirerons bientôt la raison profonde, était un cordelier Tourangeau, d'une vive imagination, d'une mémoire prodigieuse, de mœurs peu orthodoxes; tour à tour bénédictin, chanoine, curé, docteur en l'art d'Hippocrate, commentateur savant, bouffon de ses malades, et médecin de ses ouailles. Inexorable pour les travers nombreux de son temps, dès qu'il aperçoit un ridicule, il l'attaque : et la guerre à outrance qu'il livre à son siècle est son unique pensée. Puérile, grossier, d'une liberté sans bornes, il pousse jusqu'au délire les priviléges de la bouffonnerie. Dans ses écrits s'entrechoquent et se confondent la vérité, la fiction, la licence, l'allégorie, la satire; des allusions obscures, des contes vulgaires; des inventions heureuses, inconcevables, insensées. Frappé de la confusion et des contrastes de son siècle, il en reproduit toutes les folies, en augmentant leur désordre; et comme il veut échapper à la vengeance de ceux qu'il frappe, il prend pour égide des formes et un style si grotesques, que l'ivresse semble en dicter les propos et en guider la marche. En vain les commentateurs ont essayé d'éclaircir et de débrouiller ce chaos, d'où jaillissent encore de nombreux rayons de lumière. Rabelais n'a voulu que railler les institutions, les mœurs, les idées: s'il portait ses coups au hasard, ses atteintes étaient profondes. Il n'y a, chez lui, que satire et parodie. Le plan même de ses fictions est burlesquement imité des romans de chevalerie, alors en vogue. Étrange divertissement qu'il se donne, où tout lui est bon, où tout lui sert, pourvu qu'il alimente sa gaîté par le spectacle de la folie universelle. Rien de personnel dans ses railleries; la finesse n'appartient pas à son esprit; il ne s'embarrasse pas de suivre et de développer avec profondeur, comme l'ont fait Swift et Voltaire, une seule idée satirique. Il crée des caricatures et des monstres, verse sur les vices de son temps, sur la pédanterie des écoles et la perfidie des cours, les traits d'une gaîté intarissable; et s'il retrace les aventures d'un géant, c'est pour lui prêter toutes les idées qu'il a rassemblées sur son siècle.

Plus on étudie les mœurs de cette époque, plus on reconnaît chez Rabelais cette audace qui s'est attaquée, non aux individus, mais aux masses, et s'est moquée de la société tout entière. Et quel spectacle elle lui présentait! Une politique ambitieuse et perfide; des mœurs grossières et affectées; partout des contrastes et des ridicules. Tout ce qu'il y avait alors d'incertain, de puéril et de gigantesque Rabelais le saisit au passage. Sa raillerie jette une lueur subite sur le théâtre de la vie, telle qu'elle se présentait à lui: le plus singulier chaos se révèle: les moines attachés à leurs jouissances grossières; les rois *courant la bague des conquêtes* (1); les pédants, enfoncés dans leur érudition factice, et ne recueillant des anciens que l'écorce et la forme, sans pouvoir comprendre leur génie; telle est la scène burlesque au milieu de laquelle un fanal allumé vient briller tout-à-coup.

Le symbole de cette ambition qui dévorait tous les monarques du temps, c'est la faim qui tourmente Grandgousier. La parodie des Amadis et des Artus, c'est l'entassement d'incroyables aventures dont on ne peut ni deviner le but, ni connaître le lien. La vénalité des juges, leur bonhomie, leur ignorance, ont pour type le vieux Bridoye, aïeul du Bridoison de Beaumarchais : c'est lui qui juge les procès par le sort des dés, et qui n'en juge pas plus mal. Là se trouve cette énumération plaisante des *ajournements*, *comparutions*, *com-*

(1) Rabelais.

missions, *informations*, *productions*, *allégations*, *contredits*, *requêtes*, *répliques*, *dupliques et tripliques*, où Racine a pris l'idée de l'une des tirades les plus comiques des Plaideurs. Le parlement, c'est la tapinaudière des chats fourrés, où Panurge est obligé de laisser sa bourse. Les gloses dont Bartole et Accurse ont surchargé le texte des lois, c'est la broderie d'une belle robe de soie, qui, traînant dans la boue, se trouve surchargée de franges d'une nouvelle espèce. Les médecins et les astrologues, dont la science se confondait alors, ont aussi leur coup de férule ; ces empyriques traitaient le corps humain comme les sorciers tiraient notre horoscope, par conjectures et par hypothèses : aussi Rabelais conseille-t-il à ses malades d'imiter Gargantua qui, pour se guérir des maux d'estomac, avale douze bonnes grosses pilules, lesquelles renferment dans leur « ventre des valets avec des lanternes pour éclairer, sonder et « connaître parfaitement ces lieux souterrains dont la médecine « ne s'embarrasse pas. »

Déja nous avons rencontré Rabelais, toutes les fois qu'un ridicule s'est offert à nous. Prédicateurs et poètes ont été criblés de ses traits. Il en accable surtout la sensualité monacale, si bien représentée par frère *Jean des Entommeures*, qui pense « qu'un moine « savant serait un monstre inoui : » et que, « pour vivre à son aise « et faire son salut, il n'est rien de tel que de bien manger, boire « d'autant, et dire toujours du bien de M. le prieur. » Le concile de Trente, qui ne finissait pas, c'est *l'île* célèbre des Lanternes, où tout se fait *en lanternant*. De quelle verve il s'anime pour décrire l'île Sonnante, et les pardons achetés *à beaux écus sonnants*, et l'absurde prétention des fausses décrétales !

Une ligue commençait à se former contre la langue française. Des savants distingués, Budé, Dorat et leurs amis allaient livrer la littérature et l'idiome de leur pays à l'invasion de tous les idiomes antiques : ils effrayèrent le bon sens, ils irritèrent la satire de Rabelais. On essayait, pour la première fois, de latiniser le langage national une foule de serviles imitateurs copiaient ridiculement les anciens ; ce sont là *les moutons de Panurge*. Voulaient-ils parler de leur amour? c'était une *passion aménicule;* de l'éclat des astres? c'étaient les *stelles rutiles* et le *refulgent carre du soleil;* de la paresse et de la crainte ? c'étaient la *pigricité et la timeur.* On verra cet absurde travers se répandre sur toute la seconde partie du seizième siècle. A peine est-il né, que Rabelais nous en offre la parodie dans les discours du grand *Janotus à Bragmardo*, redemandant les cloches de Notre-Dame. Il faut écouter cet écolier limousin, *grand excoriateur de la langue latiale*, et qui ne vient pas de Paris, mais *de l'alme, et inclite cité qu'on vocite Lutèce;* qui, au lieu de passer la Seine, et de se promener dans les rues, *transfrète la Séquane au dilucule et déambule par les compites et quadrives de l'Urbe.* Rabelais avait deviné Dubartas.

Pour que rien ne manque à la singularité d'un tel écrivain, l'éloquence noble apparaît tout à coup dans ses ouvrages, lorsqu'il fait parler un roi dont le territoire est envahi, et qui réclame, avec une énergie admirable, contre l'usurpation de ses domaines. Il y a quelque chose de touchant et d'élevé dans le portrait de Panurge, pauvre savant, si malin et si naïf, arraché à la misère par Pantagruel, et devenu son ami de cœur et son confident; caractère esquissé avec esprit et même avec grace : on croit y retrouver l'image de Rabelais, et le témoignage de sa reconnaissance envers le cardinal du Bellay, qui l'avait emmené en Italie, et l'avait protégé contre les persécutions des moines.

Ainsi se confondent, dans cet étrange génie, la raillerie particulière à notre nation, la bouffonnerie de son époque, l'allégorie monstrueuse et métaphysique, née du moyen âge, l'érudition qui commençait à devenir puissante, dont il pressentit les progrès, et dont il ne put arrêter l'usurpation. Une grande révolution se préparait dans les colléges. Plus on étudiait les Anciens, plus on voyait avec dédain la vieille naïveté gauloise. Partout régnait une grande activité d'intelligence : on essayait de créer, on imitait, on copiait, et l'imitation elle-même offrait le plaisir de la découverte. Dans la jurisprudence, Duaren et Conan commençaient à purger les textes et à remonter aux principes du droit. Robert Estienne imprimait à Paris sa Bible magnifique ; les bibliothèques se formaient ; Dupinet traduisait Pline avec assez d'élégance pour le temps. L'intolérance contrariait sans cesse ces progrès, forçait les Estienne et Marot à s'exiler, essayait de supprimer l'invention de l'imprimerie, et protégeait la scolastique. François Ier, qui élevait aux plus hautes dignités ecclésiastiques Duchâtel et Pierre Duval, tous deux roturiers, mais savants; laissait persécuter *Robert Estienne*, auteur d'une excellente grammaire; et *Ramus*, ou la Ramée, l'une des plus fortes têtes de cette époque, le réformateur de la philosophie des colléges. Pauvre écolier, fils d'un berger de Picardie, la Ramée avait gardé les troupeaux ; devenu domestique à l'Université de Paris, il apprit sans maître les langues antiques, et s'aperçut bientôt de la stérilité de la science que les professeurs communiquaient à leurs élèves. Il leva l'étendart contre Aristote, et fut déclaré par François Ier « vain, impu- « dent et téméraire, pour avoir condamné le train et l'art de lo- « gique en usage parmi toutes les nations. » Esprit fougueux et persévérant, il brava cet arrêt qui le menaçait de punitions corporelles, et continua la réforme qu'il avait commencée ; vit une croisade de savants s'insurger contre lui, parce qu'il voulait ramener la langue latine à une prononciation régulière (1), et affronta leurs insultes jusqu'à son dernier soupir. Sa vie, longue guerre de son bon sens contre les préjugés universels, ne fut point inutile aux progrès de la raison humaine. Précurseur de Montaigne et de Bâcon, il commença le premier à détruire le culte superstitieux d'Aristote et des Anciens, et proclama la nécessité d'en revenir au

(1) On connaît la guerre ridicule de *kiskis* et de *kankan*.

raisonnement et à l'expérience. Il fit taire l'envie par le désintéressement et la noble pauvreté qu'il conserva jusqu'à sa vieillesse; et pour récompense de ses travaux et de sa vertu, assassiné le jour de la Saint-Barthélemi, il sema ses entrailles sanglantes dans les rues de la capitale.

La langue française lui doit un des perfectionnements de son orthographe; le premier il sépara le *v* consonne de l'*u* voyelle (1), et indiqua la forme différente qui jusqu'à nos jours a distingué ces deux lettres. Peu de temps auparavant, *Etienne Dolet*, que les inquisiteurs ont fait brûler sur la place Maubert, avait, dans son *Traité des accents*, posé les bases que dans cette matière les grammairiens reconnaissent encore; et *Meigret*, grand réformateur de l'orthographe, avait inventé la lettre *j* consonne, qui se confondait jadis avec l'*i* voyelle. Ce Meigret, ami de la Ramée, a laissé peu de réputation, et a beaucoup influé sur les progrès de notre langage. Non-seulement il précéda la Ramée dans la distinction des *lettres consonnes et lettres voyelles;* mais il emprunta aux Espagnols la *cédille*, dont nous nous servons encore. Aussi hardi dans ses entreprises que le professeur ennemi d'Aristote, il courut moins de dangers que lui : la philosophie est plus périlleuse que la grammaire. Son projet, renouvelé depuis sous mille formes (2), tendait à renverser toute l'ancienne orthographe, et à rétablir entre la parole écrite et le langage parlé une complète harmonie. Sa vie entière fut consacrée à cette œuvre qu'il n'acheva pas, qu'on a tentée chez tous les peuples civilisés (3), et qui n'a jamais réussi. Lorsqu'on s'accorde à peine sur la prononciation des mots, comment s'accorderait-on sur une théorie nouvelle, pour exprimer

(1) Rhétorique française de *la Ramée*.

(2) Par Beauzée, Vaugelas, l'abbé de St.-Pierre, d'Alembert, Buffier, Duclos, l'abbé Girard, etc.

(3) Elphinstone en Angleterre, Gotsched en Allemagne, etc.

cette prononciation incertaine? La Ramée et Pelletier, qui partageaient le sentiment de Meigret, mais dont l'un était Picard, et l'autre Manceau, convenaient avec lui qu'il faut écrire comme on parle ; mais, comme chacun d'eux parlait différemment, leur orthographe était différente. Cependant Meigret produisit un schisme ; il y eut des *meigrétistes* et des *anti-meigrétistes*. Entre lui et ses adversaires se fit une guerre de *furieuses réponses* et de *désespérées répliques*. Plus on l'attaquait, plus il s'obstinait dans ses réformes, et accumulait les innovations. Il voulait que les *l* mouillées fussent distinguées par une barre transversale, comme dans les langues espagnole et polonaise : il réclamait partout des cédilles, des apostrophes, des brèves, des longues, des notes de prosodie. C'était dépasser le but, comme font la plupart des réformateurs : quelques-uns des changements qu'il a provoqués sont restés et se sont opérés sous ses yeux ; d'autres ne se sont accomplis que long-temps après sa mort : telle est la suppression des lettres inutiles comme le *d* du mot *ajouter* (adjouter), et le *b* du verbe *omettre* (obmettre) ; suppression que l'Académie française consacra en 1740. Doué d'un esprit analytique, Louis Meigret éclaircit l'épineuse doctrine des participes que *maître Clément Marot* avait déjà expliquée dans des vers assez mauvais, mais singuliers et peu connus (1). Il a essayé de noter la prononciation et l'accent français par des signes musi-

(1)

Enfans, oyez une leçon.
Notre langue a cette façon,
Que le terme qui va devant
Volontiers régit le suivant.
Les vieux exemples je suivrai.
. . . .
Il faut dire en termes parfaits,
Dieu en ce monde nous a FAITS.
Faut dire en paroles parfaites ;
Dieu en ce monde les a FAITES.
Il nous a faits pareillement,
Etc., etc.

caux. Premier auteur d'une grammaire écrite en français, il avance que notre langue, manquant de désinences variées pour exprimer les modifications des mots, est réellement distincte sous ce rapport de toutes les langues anciennes. Ajoutons que les philologues de Port-Royal n'ont pas dédaigné le travail de Meigret, et qu'ils lui ont emprunté non-seulement l'ordre dans lequel Lancelot a placé les lettres de notre alphabet, d'après la prononciation de chacune, mais des définitions remarquables par la lucidité et la justesse.

Ces réformes, ces essais, cette audace de la pensée, cette fermentation générale; les protestations de Calvin; les tentatives de La Ramée; l'insolence des facéties de Rabelais; les innovations continuelles dans le langage, les mœurs et les lois; trahissaient de toutes parts l'agitation à laquelle la société était secrètement livrée. En politique, en religion, en littérature, de violentes révolutions s'annonçaient. François Ier mourut; le trésor était obéré (1); le sang des hérétiques fumait sur la terre; les chaumières de Mérindol brûlaient encore; un redoutable héritage attendait ses successeurs.

Les nouvelles mœurs de la cour n'avaient pas moins servi que les efforts des érudits à donner au langage une forme nouvelle. On a vu naître tour à tour, les accents, leur emploi différent; l'usage du *j* et du *v*; la cédille et l'apostrophe. C'étaient là des inventions de collége. Les courtisans et les femmes, les jeunes gens à la mode et les hommes de guerre introduisirent une foule d'innovations non moins importantes. Comme les capitaines tenaient à honneur de paraître avoir fait la campagne d'Italie, leur jactance empruntait des mots et des phrases (2) à la langue italienne. Ils

---

(1) Cé point historique a été l'objet de plusieurs discussions; il semble prouvé, malgré les assertions de Gaillard, que le trésor particulier du monarque était plein et que les caisses de l'etat étaient vides.

(2) V. Henri Étienne; Pasquier; les notes que Bl. de Vigenèse a ajoutées à ses traductions; la Rhétorique de P. de Courcelles, etc.

employèrent le mot *drapeau*, pour exprimer que leurs bannières avaient été déchirées; *réussir*, *accort*, passèrent de l'italien dans le français. Dans le temps de la fourberie et de l'érudition exagérée, on vit naître, par une singulière harmonie des paroles et des mœurs, les mots *subterfuge*, *supercherie* et *pédantisme*. Le même caprice enrichit notre vocabulaire des mots *embuscade*, *cavalerie*, *infanterie*, au lieu de *embuche*, *chevalerie*, *piétons*. Quelques-unes de ces transplantations ne réussirent pas: *nessun*, de *nessuno*; *adès*, de *adesso*; *lozenger* de *luzingar*, n'eurent qu'une existence passagere et furent bientôt regardés comme des affectations de courtisan (1). Les dérivés des substantifs, transformés en verbes, qui manquaient à la langue, furent une amélioration beaucoup plus utile. *Effect*, donna *effectuer*; *occasion*, *occasioner*; *diligence*. *diligenter* (mot qui s'est perdu); *médicament*, *médicamenter* et une foule d'autres. Le *heaume* se changea en *armet*; et ces deux expressions se conserverent dans la langue. De *schifar*, on fit *eschever*, puis *esquiver*, mot pittoresque, que nous possédons encore. Des mots s'allongèrent ou se raccourcirent: *maistrement* se changea en *magistralement*; *encependant* devint *cependant*; *hireté*, fit *hérédité*; *main*, *matin*; *forment*, *fortement* (2). Quelques-uns se perdirent comme *endementiers* (*interea*): quelques-uns s'altérèrent, comme *maleir* qui devint *maudire*. Certains autres étaient doubles, et l'on disait également bien *bénisson* et *bénédiction*; *hersoir* et *hier soir*; *repens* et *repentant*; *frilleux* et *froidilleux*. Le temps a consacré les uns et rejeté les autres.

Dans ce mouvement et cette confusion, les savants qui s'apercevaient du peu de fixité du langage et devinaient les besoins de leur époque, s'enhardissaient à innover. Cette indécision de la

(1) V. ce qu'en disentt *Pasquier* et surtout *Henri Estienne*.

(2) Ces divers changements ne furent pas simultanés: celui de *main* en *matin* remonte au règne de Charles VIII.

grammaire et du vocabulaire encourageait toutes les témérités. Il cherchèrent cependant une règle, un type général d'après lequel ils pussent opérer leur réforme. L'antiquité grecque et latine leur offrait ses modèles; ils s'y attachèrent. Homère, Virgile, Tacite, s'étaient élancés de leurs tombeaux. Tous les esprits doués d'élévation ou de chaleur étaient émus et comme enivrés de ces beautés antiques : c'étaient un enthousiasme, une ardeur, une rage de savoir. *Garnier* (1) rapporte que Paris, alors beaucoup moins peuplé qu'aujourd'hui, « renfermait plus de cent mille écoliers. » On voyait des amis se retirer à la campagne, ou demeurer ensemble dans un collége de la capitale, se condamner pendant des années entières à cette prison savante, et s'occuper à *translater* Pindare, à commenter Horace, à pénétrer le sens des vénérables *Druides de l'antiquité.* « Il fallait voir, dit un autre contemporain, « de quelle ardeur on se communiquait l'un à l'autre ces belles « inventions et imitations; quelle délectation c'était de faire des « vers latins et grecs; et comment alors *le cœur éguisait la main « et la main éguisait la plume.* » La science était à la fois une manie, une mode, un travers, un orgueil, une fureur : on l'appliquait bien ou mal; et les plus faibles intelligences, pourvu qu'elles eussent composé un mauvais système avec des fragments épars, compilé du grec et de l'hébreu, et transcrit des volumes, étaient satisfaites d'elles-mêmes et pressentaient leur immortalité. Les plus laborieuses inutilités occupaient quelquefois une vie entière; l'un de ces prétendus savants (2) recueillit ou inventa le blason et les armoiries de l'histoire universelle, en trois volumes in-folio; le premier chapitre contenait l'écusson d'Adam, notre premier père, avec une devise tirée d'Ovide.

L'éblouissement causé par la subite apparition des littératures

(1) Commentaire sur Ronsard.

(2) Féron, avocat.

antiques, au milieu de la littérature française ou plutôt gauloise, eut des effets plus sérieux et causa cette grande insurrection des savants, dont nous avons déja parlé, que nous avons vue se préparer lentement, qui date de la mort de François Ier, coïncide étrangement avec le commencement des guerres civiles et marque la seconde époque du 16e siècle. De tous ceux qui prirent part à ce mouvement aucun ne mérite d'en être appelé le chef : il était dans tous les esprits; et si les résultats en furent incomplets, bizarres, absurdes même, la source en était généreuse. Il s'agissait de renouveler la langue française, d'élever sa naïve simplicité jusqu'à la force et à l'éloquence des Démosthène et des Lucrèce, et de créer tout à coup une gloire littéraire, une langue sublime et poétique, à la place des essais gracieux, mais faibles ou incorrects, qui composaient jusqu'alors notre héritage intellectuel. L'Hopital partageait ce désir de tous les hommes distingués ; toutes les intelligences douées de vigueur et d'étendue applaudissaient aux efforts de Dubellay et de Ronsard : mais le vieux curé de Meudon, plus pénétrant et plus sagace, voyait le ridicule qui se cachait sous des prétentions si hautes, et, presque seul parmi ses contemporains, le poursuivait de ses saillies.

Joachim Dubellay, écrivain qui ne manque ni de facilité ni d'énergie, porta le premier la parole et lança le manifeste contre la vieille littérature, en faveur de la réforme. Son *Illustration de la langue française*, où il annonce la levée de boucliers qui va se faire et l'envahissement dont l'érudition menace la langue française, est un ouvrage d'un caractère très-singulier. C'est à la fois l'enthousiasme d'une croisade et l'éloquence des guerres civiles : « Sus « donc, s'écrie-t-il, marchez, Français, marchez courageusement « vers cette superbe cité romaine, et des serves dépouilles d'elle, « comme vous avez fait plus d'une fois, ornez vos temples et vos « autels! Ne craignez plus ces oies criardes, ce traître Camille et « ce fier Manlius ; pillez-moi les sacrés trésors de ce temple Del-

« phien ; et qu'il vous souvienne de votre Marseille, Athènes la « seconde, et de votre Hercule gaulois, lequel tirait tous les peu- « ples à lui par une chaîne attachée à sa langue ! »

A cette voix, à cette allocution, les rangs se forment, les érudits se pressent ; on s'empare violemment de tous les trophées de l'antiquité. Dubellay met son système en pratique ; Ronsard apparaît ; c'est le triomphateur du nouveau Parnasse ; Jodelle se montre et réforme la scène : l'ancien génie de Marot et de Villon est méprisé ; de nouvelles idoles s'élèvent ; la langue change de caractère, et l'Europe trompée, sacrifiant sur les autels de Ronsard, admire les dieux de récente origine que la France littéraire s'est créés. Suivons dans son développement cette « belle guerre contre « l'ignorance, dont Estienne Pasquier ne se rappelait le souvenir « quarante années après, qu'avec cet ardent enthousiasme qui ré- « chauffait, dit-il, tout son vieux sang : » voyons comment sont tombés dans un discrédit si rapide et si profond les rondeaux, ballades, virelais et autres *espiceries*, dont Joachim Dubellay se moquait si cruellement ; et rendons justice à ces réformateurs trop hardis, que leur siècle entoura d'hommages et que la postérité accable d'un dédain et d'une ironie, aussi injustes que l'idolâtrie contemporaine était exagérée.

La cour, *maîtresse d'école de Marot*, comme il la nommait lui-même, n'avait pas cessé d'encourager les poètes. Au moment où éclata la ligue érudite des Dubellay et des Ronsard, elle protégeait plusieurs écrivains, moins naïfs que Marot, plus recherchés que lui, quelquefois platoniquement obscurs, comme Maurice Scève, qui fit pour Délie plus de quatre cents dizains énigmatiques ; mais plus chastes, plus élégants que leurs prédécesseurs, et connaissant mieux les ressources et les délicatesses du langage. A la tête de cette école était le voluptueux aumônier, Mellin de Saint-Gelais : prélat courtisan, ancien ami de Marot et le plus heureux imitateur de la grace et même de l'afféterie italienne. C'est le premier exemple de ces ecclésiastiques, qui vouaient au plaisir leur vie nonchalante; flatteurs délicats, esprits aimables, écrivant des vers galants sur leurs psautiers; et qui par la mollesse de leur épicuréisme semblaient absoudre les rigueurs de Genève. Éminemment ingénieux, caustique, brillant; dénué de verve et de portée; Saint-Gelais semble annoncer Voiture, Voisenon et tous ces petits beaux esprits dont la finesse et le trait firent le seul mérite. Sa gentillesse n'est pas, comme celle de Marot, naïve et presque enfantine ; il n'a rien du laisser-aller qui nous charme dans les poésies du page de Marguerite. Mais ses rondeaux, ses épigrammes, pièces très-courtes et d'un tour heureux, étincellent d'esprit; et si elles s'écartent souvent du bon goût, elles s'éloignent rarement du bon ton. Il sait bien qu'un cardinal qui conte fleurettes offre un bizarre contraste. Mais il aime à faire ressortir tout ce qu'il y a de piquant dans cette opposition de ses mœurs et de son titre : il profite avec une témérité fort ingénieuse de son état ecclésiastique et de son titre de poète, pour catéchiser les dames et les édifier de ses leçons :

Si du parti de celles voulez être,
Par qui Vénus de la cour est bannie
Moi, de son fils ambassadeur et prêtre
Savoir vous fais qu'il vous excommunie

D'ailleurs très-instruit, musicien et sachant plusieurs langues: d'une humeur indolente, d'une causticité fort redoutable, il faisait les délices de la cour; et lorsque la savante école de Dubellay et de Ronsard publia ses premiers essais, elle ne trouva pas d'ennemis plus à craindre que Mellin de Saint-Gelais, qui, profitant de son crédit auprès des grands, se moquait sans scrupule de la dureté des vers, de la bizarrerie des innovations et du pédantisme des prétentions qui caractérisaient les promoteurs de la révolution littéraire. Ronsard parle de la *tenaille de Mellin* avec un sentiment de douleur et de colère, qui prouve la profondeur des atteintes que le bel esprit satirique lui avait portées.

Tandis que Saint-Gelais *en doux loisirs soulait passer sa vie*, et pour unique travail rimait quelque profane allusion à l'amour divin, un jeune homme, page comme Marot, comme lui élevé dans une cour où le savoir était en honneur et le vice en usage, s'efforçait d'atteindre, non comme son prédécesseur par des vers faciles et riants, mais par de longues veilles, la gloire à laquelle il aspirait. Soumis, comme toute la jeunesse de l'époque, à une forte discipline, plein de mépris pour la frivolité des rondeaux naïfs et les joyeuses épigrammes des poètes de son temps; plus il étudiait les anciens sous le professeur Daurat, plus il se persuadait que tout était à faire en France, et s'affermissait dans le dessein d'accomplir ce que son ami Dubellay venait d'annoncer. Ce docte page était *Ronsard*. Doué d'un esprit persévérant, laborieux et énergique, d'une grande hardiesse dans l'expression, et surtout d'une extrême témérité dans l'innovation : son enfance et sa jeunesse témoignent de l'activité aventureuse de ses penchants. A neuf ans, il se dégoûte du collége, devient page de la cour, passe trois années en Écosse, au service du roi Jacques, suit le savant ambassadeur Lazare de Baïf à la diète de Spire, le capitaine Langey en Piémont, et après des naufrages, des blessures, des aventures galantes, attaqué d'une surdité prématurée, il se renferme à dix-huit ans dans le collége de Coqueret, où Antoine Muret, le Cicéronien, Remi Belleau et Antoine de Baïf écoutaient les doctes leçons de ce Daurat, qui, le premier, dit *Marcassus* (1), *destoupa la fontaine des Muses, par les outils de science et l'étude des lettres humaines*. Le condisciple de Ronsard, Baïf, était plus fort en grec, et *dénouait à son ami les plus fâcheux commencements de la langue d'Homère* (2). Il faut voir Ronsard, habitué à veiller tard, en suivant la cour, « travailler jusqu'à deux et trois heures du matin,

(1) Commentaires sur Ronsard.

(2) Id. ibid.

« et, lorsqu'il se couche, réveiller Baïf, qui se levait et ne laissait « pas refroidir la place (1). » On s'excitait, on s'encourageait, on se corrigeait mutuellement. Le manifeste de Dubellay ne fit qu'animer cette ardeur. Baïf, grammairien, d'un esprit pesant, ne rêvait qu'innovations; Ronsard, plus actif, les exécutait. Daurat et Tournebu (que l'on a nommé Turnèbe) faisaient éclater leur admiration pour ces essais de leur jeune élève : c'était Pindare, c'était Homère; jamais la langue de Marot et de Jean Lemaire n'avait été si *magniloquente* et si *haut-tonnante*. Sept ans se passent : Ronsard, renfermé tout ce temps dans les murs du collége, épuise la bibliothèque grecque et latine, s'applique à faire passer les richesses de l'antiquité dans notre langage, le déforme, le mutile, le torture, et, précédé de sa renommée, reparaît à la cour, où il est présenté par Marguerite de Savoie. Les courtisans s'étonnent de son bizarre langage; mais les savants, alors tout puissants, riches, honorés, le soutiennent. En vain Mellin de Saint-Gelais s'élève contre le nouveau poète, qui *Pindarise* et *Pétrarchise* en italien et en grec. Ronsard fait tête à l'orage. La cohorte érudite appelle ses ennemis *poétastres*, *grenouilles*, *grimauds*, *muguets*, *zoïles* et *carbiles* (2). De si bonnes raisons l'emportent. On est séduit par l'autorité de ces hommes célèbres, par l'éclat et la nouveauté d'une versification sonore, ferme et rapide, la magnificence des images, et surtout la singularité inouïe des innovations. Ronsard, proclamé roi de la poésie, de réformateur devient législateur : il pose les limites et fixe les règles de la poésie française. Trouvant l'idiome national encore incertain, comme le grec du temps d'Homère, il permet l'emploi de tous les dialectes : « Soit le vocable (3) picard, français, « wallon, manceau, limousin (dit-il), n'importe; il ne faut pas t'en

(1) Commentaire sur Ronsard.

(2) V. les préfaces de Ronsard, qui valent celles de la Calprénède.

(3) *Le mot.*

« embarrasser. » Il veut que les poètes, élidant l'*i*, l'*a* et l'*o*, à la manière des Italiens, disent sans scrupule *n'à ceux*, *n'à celles*, pour *ni à ceux*, *ni à celles*. Les ellipses les plus hardies, le néologisme le plus complet, lui semblent des droits légitimes de la poésie. Il ne s'oppose pas à ce que l'on emploie le patois de son pays natal : *ò lui* pour *avec lui*, expression du Vendômois, lui paraît très-naturelle et fort commode. Il accorde la suppression de l'*e* muet dans *épée*, *Énée*, mots qui « seraient, dit-il, trop difficiles dans la poésie. »

Ainsi ce hardi réformateur s'avise de nous donner à la fois une syntaxe et un vocabulaire poétiques. On le suit comme un guide, on l'écoute comme un oracle. Toulouse lui envoie une Minerve d'argent. Ses vers charment la prison de Marie Stuart, qui lui fait parvenir un rocher d'argent massif, représentant la montagne et la source du Permesse. On ne jure que par lui. Chastelard, malheureux amant de la princesse infortunée que je viens de nommer, répète les vers de Ronsard, *sur la mort*, en montant sur l'échafaud, où sa passion imprudente le conduit. Belon, botaniste et icthyologiste célèbre, ne sauve sa vie, au milieu des guerres civiles, qu'en faisant valoir, auprès des soldats qui l'ont pris, le titre de parenté qui l'unit à *ce grand monsieur de Ronsard.* Tout le siècle y est trompé ; Saint-Gelais se trouve réduit au silence ; la vieille poésie française est vaincue ; l'allégorie gothique est détrônée ; Marot passe pour un auteur suranné ; Scévole de Sainte-Marthe, Muret, Scaliger, Turnèbe, Duperron, sont les admirateurs de Ronsard. Le judicieux de Thou, le sensé L'Hôpital ; Henri II, Henri III, tous deux se piquant de littérature ; Charles IX, homme d'esprit et mauvais roi ; le placent au niveau des plus grands génies. On voit le Tasse lui-même venir lui demander des conseils et rendre hommage à sa vieillesse. La reine Élizabeth lui envoie un diamant de grand prix. Ses louanges retentissent dans toutes les langues anciennes et modernes. Enfin, pour consacrer à jamais cette idolâtrie et prouver la faiblesse des jugements contemporains et l'incertitude de la critique chez les meilleurs esprits, Montaigne, cet indépendant génie qui jugeait si bien son siècle, oppose d'un trait de plume Ronsard à l'antiquité toute entière, et déclare que par ses efforts la poésie française vient de toucher les dernières limites de sa perfection possible.

Soumettons à un examen sévère les œuvres que Ronsard nous a laissées, cherchons-y les motifs du culte que ses contemporains lui vouèrent et du mépris que la postérité leur fait subir. Jamais on ne passa plus rapidement du char de triomphe aux Gémonies. Pendant quarante ans, ce fut une apothéose; depuis deux siècles, c'est une longue flétrissure : et ce nom si adoré est devenu, pour ainsi dire, infâme, depuis la colère de Malherbe et les anathèmes de Boileau.

Ce qui nous frappe d'abord dans les poésies de Ronsard, c'est un calque perpétuel des formes antiques. Ronsard, en les parodiant avec une verve hardie d'expression, satisfaisait au désir général. On était las de « ces mignardises d'amour toujours « continuées en leur propos (1). » Il forma la période poétique, remit en honneur le vers de six pieds, lui imprima un caractère de majesté, de force et d'élévation. L'heureuse cadence de ses alexandrins, la gravité des sujets qu'il choisissait, la pompe qu'il substituait à l'incorrection et à la grace légère, charmaient ses contemporains. L'instrument poétique n'était point formé : il le dérouilla, enseigna aux poetes *l'alternement* régulier des vers masculin et féminin (2), se permit peu de mauvais enjambements, et trouva souvent l'harmonie lyrique. Ce sont là de grands mérites. Personne, avant lui, n'avait même tenté d'introduire dans la

---

(1) Ronsard. Préface de ses Odes.

(2) Jean Bouchet avait déja voulu établir cette loi; mais avant lui Octavien de St.-Gelais s'y était soumis dans plusieurs parties de ses poëmes; Lemaire l'avait recommandée sans l'ordonner. Dès l'année 1336, un poète, Regnard de Loüens, moine, avait écrit en rimes régulières, le *premier chant* de sa traduction de *Boece*.

poésie française cette dignité soutenue. Des citations, que les bornes de cet essai ne permettent pas de prodiguer, pourraient seules rendre à Ronsard la portion de gloire qui lui revient, et qui doit compenser l'immortalité ridicule que ses travers pédantesques lui ont acquise. Ses poésies renferment un grand nombre de passages d'une excellente facture, et qui, légèrement corrigés, ne paraîtraient pas indignes d'un poète moderne :

Echo ! fille des bois, hôtesse solitaire
Des rochers où souvent tu me vois *retirer*,
Redis, combien de fois lamentant ma misère,
Toi-même soupiras, m'entendant soupirer.

Certes, le rhythme de cette strophe est excellent, plein de force et de grace ; et nul, avant Ronsard, n'avait si bien compris et si heureusement perfectionné le mécanisme du vers français. Ce n'est pas là un exemple isolé : quiconque a le courage de lire attentivement ces œuvres où le ridicule et la bizarrerie dominent, rencontre avec surprise, au milieu d'un chaos d'expressions grecques et d'emprunts maladroitement faits aux poètes de Rome et d'Athènes, des tirades pleines de noblesse, dont le rhythme est soutenu, la cadence heureuse et le mouvement rapide. Les *Hymnes a la Mort* et *à l'Éternité* nous offriraient plus d'un exemple de cette élévation de style, inconnue jusqu'alors à nos poètes.

Écoutez Ronsard appeler les Chrétiens à une nouvelle croisade contre les Turcs qui sont venus s'emparer de Constantinople. Non-seulement ces vers sont bien frappés ; mais l'éloquence de l'ame y respire. « Pourquoi, demande-t-il aux peuples d'Europe, êtes-vous « baptisés au nom du Christ ? Pourquoi portez-vous ses étendards, « si les infidèles sont insolemment campés sur votre territoire,

S'ils ont sans coup férir usurpé votre place,
S'ils ont, sans coup férir, en Europe passé ;
Par armes l'ont gagnée et vous en ont chassé !

« Allez donc, continue-t-il, délivrer l'Orient, esclave de Maho-
« met. Là vous attend la gloire ;

Là sont les vieux palais et les grandes rivières
Qui vieilles de renom, s'écoulent toutes fières :
Là roulent l'Ilyssus, le Jourdain et le Nil.
Là sans le cultiver le pays est *fertil.*
Là le Caire et Damas, Memphis et Césarée,
Tyr, Sidon, Antioche, et la ville honorée
Du grand nom d'Alexandre, élèvent jusqu'aux cieux
De leurs superbes murs les fronts audacieux.
Là de tous les côtés et de la mer Égée
Et des flots Adriens, une flotte chargée
Maintenant de parfums, maintenant de lingots,
Et de pourpre et de soie et de riches métaux,
Avecques vn grand bruit, dedans le Hâvre viennent
Ou près de la muraille à la rade se tiennent.
Ce sont là les trésors, que vous, soldats chrétiens,
Devez ravir du sceptre et des mains des payens!

Exceptons les expressions surannées et l'obscurité de quelques tournures, ces vers, quant à la forme et au matériel du rhythme et de l'harmonie, ne l'emportent-ils pas sur tout ce que la poésie sérieuse avait produit jusqu'à Ronsard? Lorsqu'il ne dépasse pas le but et se modère un peu dans l'emploi de ses ressources grecques, latines, italiennes, il atteint quelquefois une admirable vigueur d'expression : soit qu'il décrive

Le long repli des âges

qui engloutit à la fois

Et l'homme et ses ouvrages;

ou qu'il s'adresse au soleil,

Qui tant de fois tourne, passe, repasse
Glissant d'un pied certain dans une même trace,
Vive source de feu, qui nous fait les saisons,
Selon qu'il entre ou sort en ses douze maisons:

ses défauts sont toujours l'excès de la force, le luxe insensé de l'érudition; jamais la stérile richesse des épithètes inutiles et des appositions parasites. Les grandes idées sont celles qu'il rend le mieux; en dépit de trois siècles presque écoulés, on ne lit pas sans admiration, cette noble apostrophe à l'Éternité :

. . . . .O grande éternité!
Tu maintiens l'univers en tranquille unité!
De chaînons enlacés, les siècles tu rattaches,
Et couvé sous ton sein tout le monde tu caches;
Lui donnant vie et force : autrement il n'aurait
Membres, âme, ni vie, et sans forme il mourrait ·
Mais ta vive vigueur le conserve en son être.

Il termine ce passage dont la rudesse, la rapidité, la force et l'élan sauvage caractérisent si bien la nature de son génie, par une image non moins remarquable :

« Pour toi, dit-il à l'Éternité, il n'y a ni passé, ni présent : tu n dis pas :

« Ceci fut, ou sera : »
Mais le présent, tout seul, à tes pieds se repose.

Pour achever de justifier, ou du moins d'expliquer l'engouement des contemporains de Ronsard pour ce poète, qui a réuni dans ses œuvres toutes les beautés et tous les défauts : ajoutons que la facilité de son esprit lui permettait de varier ses tons, et que quelques-uns des vers les plus gracieux que le 16e siècle nous ait laissés, lui appartiennent. A une époque où le goût était sans empire et la critique sans flambeau; cet homme singulier, dans l'ardeur de créer et d'étonner, prodiguait sans règle et sans choix toutes les imitations, toutes les innovations, toutes les images. Ici, son expression est heureuse; là elle est grotesque; plus loin, extravagante; quelques vers plus bas, elle approche du sublime. Ici, c'est un pédant qui laisse échapper le grec tout pur : O Bacchus ! s'écrie-t-il,

> **O Cuisse-né; Archète, Hyménéen,**
> **Bassare, roi, Rustique, Euboléen,**
> **Nyctélien, Trigone, Solitaire,**
> **Vengeur, Manie, germe des dieux et père,**
> **Nomien, double, hospitalier,**
> **Beaucoup, forme, premier, dernier**
> **Lenéau, Porte-sceptre, Grandime,**
> **Lysien, Baleur, Bonime,**
> **Nourri-vigne, Aime-pampre, enfant,**
> **Le Gange te vit triomphant!**

Le risible compilateur de cette liste mythologique, veut-il déplorer la coupe d'une forêt et la perte de ces beaux ombrages que la hache fatale vient de détruire? Tout à coup il déploie la noblesse, le coloris, le pathétique; et si on lui passe quelques tournures gauloises, un mot mal inventé (1), quelques inversions latines; il faut admirer chez lui une perfection de langage, bien étonnante dans un poète qui n'avait pour prédécesseurs que Marot et son école :

> **Forêt! haute maison des oiseaux bocagers!**
> ***Plus* le cerf solitaire et les chevreuils légers**
> **Ne paîtront sous ton ombre : et ta verte crinière**
> **Jamais des feux d'été ne rompra la lumière!**
> ....
> ***Tout deviendra muet. Écho sera sans voix.***
> **Tu deviendras campagne. Et, au lieu de tes bois**
> ***Dont l'ombrage incertain lentement se remue,***
> **Tu sentiras le soc, le coutre, la charrue,**
> **Tu perdras ton silence, et satyres et pans.**
> **Plus le cerf en ton sein ne cachera ses fans**
> ***Adieu vieille forêt, le jouet du zéphyre,***

(1) Les langues de la lyre.

Où j'accordai jadis les *langues* (1) de ma lyre !
Où j'entendis d'abord (2) les flèches résonner
D'Apollon qui me vint tout le cœur étonner.
Adieu! vieilles forêts! adieu têtes sacrées !
De tableaux et de fleurs en tout tems entourées !
Maintenant le dédain des passants altérés,
Qui souffrant du soleil les rayons éthérés,
Sans retrouver le frais de tes douces verdures
Accusent tes meurtriers et leur disent injures.
Adieu, chênes! couronne aux vailiants citoyens,
Etc., etc.

C'est là le ton d'un poète : *tu perdras ton silence.... Echo sera sans voix.... et l'ombrage incertain* qui *lentement se remue; Adieu vieilles forêts, le jouet du zéphyre!* Ces hémistiches, ces vers semblent annoncer le talent le plus mûr, le plus franc et le plus précis. Une mélancolie pleine de dignité, mêlée d'imagination, respire dans cette pièce.

Est-ce bien là Ronsard? Est-ce là ce barbare qui a pris à tâche de combiner dans ses vers ce que les exagérations espagnoles, les affectations italiennes, le fatras d'une érudition indigeste, les concetti, les burlesques inventions, les recherches pédantesques ont de plus digne de risée? Lui, pour qui les géants sont *serpent-pieds*; les centaures *dompte-poulains*; les poètes *mache-lauriers?* lui qui se plaint d'être maltraité d'une belle qui *l'attache*, dit-il, *avec des clous de feu sous le froid de sa glace;* lui qui, au lieu d'endurcir un cœur, de l'enflammer ou de le glacer, se plaît à l'*enfeüer*, l'*empierrer* ou le *renglacer* : créateur d'absurdités inouïes, qui nomme l'amour un *fusil de toute rage*, supplie sa Délie *de désembraser* son feu; qui dit si plaisamment à Vénus d'aller, dans les forêts de Gnide,

Mignarder les moustaches de Mars

(1) Les cordes.

(2) Pour la première fois

appelle les lèvres les *avant-portières du baiser*, le temps un *vilain mengeard*, et ces troupes d'esclaves que les Orientaux consacrent à la garde de leurs sérails, des *hommes-femmes troupeaux* (1)? Est-ce là ce ridicule poète, qui, pour exprimer l'ardeur de sa passion, termine sa déclaration d'amour à Genèvre par une protestation platonique, dont sans doute l'objet de ses vœux ne concevait pas toute l'étendue :

> Toi, l'ame de mon ame et l'amour de ma vie,
> Tu seras à jamais ma seule ENTÉLÉCHIE !

Le problème que présente un tel écrivain semble se compliquer encore, si l'on vient à citer les vers pleins de pureté et de charme que la même plume a tracés. Se rappelle-t-il le souvenir de ses peines amoureuses ?

> Sur le métier d'un si vague penser,
> Amour ourdit la trame de sa vie ;

c'est la grace de Marot avec plus d'imagination et d'élégance. Ailleurs il dit à Lucrèce :

> Hier, vous souvient-il qu'assis auprès de vous,
> Je contemplais vos yeux si cruels et si doux ?

on reconnaît le ton simple et plein d'abandon de l'élégie amoureuse. Voyez, dit-il dans une épître,

> Voyez cet avocat qui nous vend son caquet,
> Pour tuer l'innocent et sauver le coupable !

c'est le ton franc et l'allure décidée de la satire familière et de la comédie. Veut-il exprimer le pressentiment de la mort ?

> Avant le soir (dit-il), se clora ma journée :

---

(1) On eût facilement multiplié les exemples du ridicule pédantisme de Ronsard il était plus important de démêler le mérite réel, étouffé sous ce pédantisme.

un bon poète de nos jours n'eût pas rendu avec une précision plus exquise cette pensée mélancolique. Ailleurs, il suppose que la Fortune parle au duc de Guise : *Quand mon heureuse main* (lui dit la capricieuse déesse) *t'aura fait monter*

Au plus haut des honneurs, où souvent je me joue,
Je te serai fidèle et briserai ma roue.

Veut-il parler des courtisans?

Misérables valets, vendant leur liberté
Pour un petit d'honneur, servement acheté !

La fortune, c'est cette force aveugle,

Qui n'a jamais notre plainte écoutée,
Qui dompte l'univers et qui n'est point domptée.

Ces traits vigoureux, rapides, originaux, attestent le poète, capable d'atteindre à la simplicité noble, vive et spirituelle de la poésie didactique, et de l'épître en vers. Mille expressions neuves et fortes, dues à sa témérité, enrichissent le langage. Le premier, il *ensanglante* les bois; une *verte vieillesse*; une *rage acharnée*, une *tourbe qui frémit*, sont des expressions qu'il hasarde et qui se conservent : on voit que ses inventions ne sont pas toutes malheureuses. La rose s'environne *des plis d'une robe de pourpre*; la châtaigne, d'un *rempart épineux*. Chez lui, la vertu *s'allume*, la colère *s'élance*; le printemps *verdoye*; il faut *cueillir la jeunesse, et moissonner les plaisirs* : et, au milieu de toutes ces créations pittoresques que la poésie n'a point répudiées depuis deux cent soixante années révolues, la naïveté, l'abandon mélancolique, ne lui sont pas étrangers : de tems à autre vous croiriez vous tromper et lire dans Ronsard un distique de Jean Lafontaine :

Le tems s'en va, le tems s'en va, madame!
Las! le tems, non : mais nous nous en allons !

Il fallait, pour composer le portrait de Ronsard, réunir les traits les plus disparates : ses énormes défauts justifient la postérité qui l'oublie et semble lui faire grace ; ses beautés réelles excusent ses contemporains, qui l'adoraient et croyaient à peine lui rendre justice. Il avait tout à créer dans la poésie noble ; il espéra que l'érudition lui suffirait pour accomplir ce grand dessein. Il se fit érudit, puisa à toutes les sources et accumula sans choix tous ces trésors. Telles étaient l'étendue de ses lectures et l'audace de ses emprunts, qu'il a pris dans le burlesque *Merlin Coccaye* le sujet de l'une de ses hymmes sérieuses *aux Quatre Saisons*. (1) Son propre génie l'eût mieux servi que tous ces larcins, que cet attirail latin, grec, espagnol, italien ; que ces dépouilles de Platon, d'Ovide, de Bembo, de Virgile, de Pétrarque. Sous la confusion des trophées dont il se pare, il ressemble à ces acteurs grecs, dont Lucien se moque, et qui, chargeant leur petite taille d'une peau de lion gigantesque, paraissaient comme étouffés sous ce costume héroïque, et traduisaient en ridicule le demi-dieu qu'ils voulaient représenter.

Malgré ce bizarre mélange du grotesque et du sublime, ses pas restèrent empreints sur la carrière que son élan irrégulier avait parcourue. Depuis Ronsard, et à son exemple, la période poétique s'arrondit ; on chercha la noblesse ; on regarda le style comme un art, la disposition alternative des rimes devint une loi rigoureuse ; on connut mieux la coupe des vers ; on sentit l'harmonie du rhythme ; les genres différents s'isolèrent ; et peu à peu l'on vit se débrouiller ce chaos barbare, au milieu duquel ceux qui ne connaissent de Ronsard que sa renommée, s'étonnent de voir briller de si vives lueurs de talent. Des critiques (2) ont observé que le langage dont il se sert semble aujourd'hui plus antique que la poésie de Charles d'Orléans. Il y a plus, Thibaut, comte de Champagne, Helinand et Wace s'écartent moins que lui du génie particulier à la langue française. Son but avoué était, non de la perfec-

(1) L'automne.
(2) Labruyère, Laharpe, etc.

tionner, mais de la changer : cette tentative, que tout paraissait favoriser pendant sa vie, est retombée, après lui, dans le domaine des témérités avortées. S'il eut pour son propre génie cette vénération qui lui faisait dire que « *Calliope l'avait bercé dans sa vertugade* », et que « *Rossignol venait du mot Ronsard* » ; enfin, s'il crut à son immortalité : avouons que ce fut sur la foi de tout son siècle.

Comment ne serait-il pas déchu de cette immortalité qu'il s'était promise? Rien de factice n'est durable. Essayant de greffer violemment la littérature antique sur la littérature française, la foule érudite, qui l'environnait, ignorait que, pour être fécond, le développement intellectuel a besoin de suivre la loi de la nature ; de sortir du même germe, de s'épanouir sur la même tige et d'éclore aux rayons du même soleil. La nécessité d'une littérature nationale, cette donnée, si philosophique et si profondément vraie, annoncée un peu plus tard par Bâcon, était méconnue par les hommes instruits, poètes, magistrats, orateurs, enthousiastes de Pindare, d'Eschyle et d'Anacréon, qui, rangés sous les bannières de Ronsard, formant son avant-garde et son corps d'armée, le protégeaient contre toutes les attaques ; réduisaient au silence les faibles réclamations de *Charles Fontaine* et les derniers bons mots de *Mellin Saint-Gelais* ; et qui enfin, gagnant à leur parti, même les Maurice Scève, les Hugues Salel, et les Sibilet, firent la conquête de toute leur époque. De-là cette aristocratie poétique fondée par Ronsard, cette constellation de six poètes qui, joints à lui-même, formèrent la Pléïade, imitation de celle des sept écrivains grecs sous Ptolémée Philadelphe. C'étaient Joachim Dubellay, le promoteur de la révolte ; le grammairien *Baïf*, Remi *Bellaeu*, surnommé si mal à propos le poète de la nature ; *Amadys Jamyn*, l'élève chéri de Ronsard ; l'évêque *Ponthus de Thyard*, auteur des *Erreurs amoureuses* ; Estienne *Jodelle*, réformateur de la scène : et *Daurat*, qui, des hauteurs de son érudition, avait secondé l'élan de cette armée de jeunes docteurs soumis à sa discipline. La Pléïade apparut rayonnante et triomphante ; chacun de ses membres eut son apothéose ; tout le monde, dit Henri Estienne dans son style singulier, se mit à *pléiadiser*.

Dubellay (1), auteur de l'éloquente *Illustration de la langue française*, et qui avait pour ainsi dire sonné le tocsin, se distinguait par un goût plus sûr et une pensée plus originale. Ronsard, plein de verve d'ailleurs, n'a d'invention que dans le style. *Joachim Dubellay*, plus sevère, accusait les innovations de ses amis d'une violence inutile et exagérée. Il voulait, qu'en « imitant les au« teurs anciens, on se métamorphosât en eux, qu'on les dévorât, « et qu'après les avoir digérés, on les transformât en sang et en « nourriture. » C'est ce que lui-même a fait souvent sans succès, mais quelquefois avec bonheur. Son style a de la correction pour le temps. On y trouve de la force, des images, de la dignité. Dans ses témérités même il garde quelque mesure. Son goût le portait vers l'imitation de la poésie italienne, à laquelle il a emprunté ce luxe un peu stérile de descriptions communes, où l'on prodigue les oiseaux, les rameaux, les arbrisseaux, les soleils, les astres, les cieux et les étoiles. Aussi, ses partisans le nommaient-ils l'Ovide français, et ses ennemis le *Tautologiste*. Après tout, c'est un poète : soit qu'il montre le lionceau hardi blessant le cheval ou la biche timide,

De ses dents innocentes encore ;

soit qu'il décrive, en un vers excellent, la grace flexible des contours de la vigne,

Du cep lascif les longs embrassemens ;

---

(1) On n'a pas suivi avec une exactitude chronologique les dates de la publication des ouvrages composés par les membres de la Pléïade. Il a paru plus convenable de les classer d'après leur degré d'influence ; de placer Ronsard et Dubellay à leur tête, et Jodelle, dont les essais dramatiques précédèrent l'impression des œuvres de Ronsard, à la suite de ces chefs de la réforme littéraire et savante.

soit que, forcé de rester attaché à la cour pontificale avec le cardinal Dubellay, son parent, il compose ses *antiquités de Rome*, où éclatent les sentiments amers que lui inspirent l'absence de la patrie, le spectacle des mœurs italiennes, et le souvenir de tant de grandeur déchue : on reconnaît en lui l'homme éloquent, élevé à l'école des anciens, et qui sait étudier ses modèles, sans les reproduire avec une grossiere et infidèle exactitude. Dans ce temps d'imitation, où toute la littérature semblait servile et factice, on saisit avec plaisir dans les poëmes de Dubellay des accents vrais émanés de l'ame. Quelquefois la profondeur de son inspiration rappelle un célèbre poète moderne (1). Ne trouvant plus *Rome dans Rome*, il se demande ce qu'est devenu *ce vieil honneur poudreux de la reine du monde* : et son ame se repliant sur elle-même au milieu de ces *éloquens débris de la grandeur passée*, y trouve une leçon funèbre de la fragilité de toutes choses, et de la nécessité de mettre un frein à ses désirs : Car les désirs mourront (se dit-il à lui-même)

......Si les empires meurent!

Poëte souvent énergique, critique plein de sagacité, cet homme remarquable vit avec effroi l'extension ridicule que l'on donnait aux principes qu'il avait proclamés; une populace de poëtes s'empresser de construire, avec des débris grecs, une langue plus insolite encore que celle de Ronsard: et ces tristes imitateurs avoir aussi leur portion de renommée. Le Parnasse était inondé : cardinaux, prêtres, écoliers, femmes et gens de cour, tout le monde rimait. Ce déluge de mauvaise poésie semblait justifier les plaintes d'un auteur peu connu et peu digne de l'être (2), qui dans son Épopée *sur la chute de l'homme*, plaçait entre les plus déplorables fruits de la désobéissance d'Adam, l'abondance des mauvais vers que ses descendants devaient produire. Aux plus burlesques parodies des

(1) Byron.

(2) D'Escorbiac.

fureurs de Pindare et des églogues de Théocrite, on ajoutait des vers sans rimes, des vers rimés et mesurés, des vers léonins, des vers sans césure, d'autres de dix-huit pieds (1) ou scandés à la manière grecque, ou *sciolti* à l'italienne. On mutilait, on altérait de mille manières la langue et la poésie. La Ramée, Denisot, Butet, Baïf, Rapin, Ronsard, encourageaient ces essais; souvent même ils mettaient la main à l'œuvre. Tout cela se faisait avec une gravité puérile, un sérieux profond et comique. Les travaux des réformateurs de la grammaire et de l'orthographe, dont nous avons déjà fait l'histoire, se combinaient avec ceux de la ligue savante, commandée par la Pléïade, et marchaient sur une ligne parallèle. Ronsard, sans vouloir sanctionner toutes leurs innovations, adopta les plus urgentes : il ordonna que désormais, *écrire* remplacerait *escripre*; il autorisa *cieux*, au lieu de *cieulx*.

Dubellay, plus difficile, condamnait les mots inutiles introduits par Ronsard, comme *player* (faire une plaie), *enfeuer* (mettre en feu), *malader* (rendre malade). Il se moquait surtout de Baïf, véritable révolutionnaire du langage, qui avait peu d'esprit, beaucoup d'entêtement, un savoir indigeste et l'aveugle confiance du pédantisme : c'est le plus dur, le plus barbare, et le plus obscur des glorieux poètes de la Pléïade. Non content de faire imprimer un volume de lignes mesurées à la grecque, vers qu'il nommait *Baifins*, et qui sont alcaïques, saphiques, sans être d'aucune langue; de faire *fruitir* les arbres, *soleiller* les astres et *titiller* l'amour; il détruisit jusqu'aux caractères de notre alphabet, introduisit la double lettre *ou* (ȣ) des Grecs, inventa des *triphtongues* pour l'embellissement de la grammaire; et, changeant nos comparatifs et nos superlatifs, prétendit forcer ses contemporains à nommer un homme *plus savant* un *savantieur*, et un homme *très-savant* un

---

(1) Ceux de Charles Toustain. *Ils rouaient en leur gauche main un sombre affreux et malluisant flambeau.*

savantime. Il faut entendre Dubellay, dans un sonnet assez ingénieux, persifler l'excès de ces travers érudits que lui-même avait favorisés. *Bravime esprit*, dit-il à Baïf,

> Brav*ime* esprit, sur tous excellent*ime*,
> Qui méprisant de van*imes* abois
> As devancé d'une haut*ime* voix,
> Des savant*ieurs* la troupe bruyant*ime*,
> De tes doux vers le style coulant*ime*,
> Tant estimé par les doct*ieurs* françois
> Jus*timement* ordonne que tu sois
> Par ton savoir à tous révérend*ime*.
> Qui, mieux que toi, gentill*ime* poète
> (Heur que chacun grand*imement* souhaite!)
> Façonne un vers douc*imement* naïf!
> Ah! nul, *de* toi hard*ieurement* en France
> N'a pourchassé l'indoc*time* ignorance,
> *Docte, Doctieur et Doctime Baïf!*

C'était le dernier degré de folie auquel la manie des réformes savantes devait atteindre. Les autres poètes de la Pleïade ne se distinguent de leurs modèles que par de faibles nuances. Que Ponthus de Thyard ait été plus pétrarchesque et Remi Belleau plus anacréontique, peu nous importe aujourd'hui; les dialectes de leur invention sont également déchus. Tous deux avaient de l'emphase et de la recherche, de l'affectation et de la grossièreté, de l'éclat et des taches; cadençaient assez bien un vers, et quelquefois reproduisaient heureusement les idées des poètes grecs et italiens. Baïf lui-même offrirait à un lecteur assez patient pour feuilleter le recueil de ses inintelligibles vers, quelques morceaux d'une brièveté franche et d'une naïveté spirituelle. Mais cet homme, aussi mauvais citoyen que mauvais poète, ne trouva de verve et d'inspiration que dans la rage du fanatisme; les meilleurs vers qu'il ait composés sont une épigramme contre un homme vertueux assassiné: infâme raillerie contre le cadavre de Coligny; insulte de la lâcheté et de la bassesse, qui, flétrissant son caractère moral, sans relever sa réputation d'écrivain, achève le portrait de ce pédant barbare (1).

Un jeune homme, d'un esprit flexible et de peu de savoir (2), mais plein de ressources dans l'intelligence, et dont le nom s'est conservé avec honneur malgré la paresse de sa vie et l'imperfection de ses œuvres; prit place, dès les premières années de la réforme littéraire, immédiatement à côté de Ronsard, qui ne faisait que débuter alors dans la carrière poétique : c'est *Jodelle*. Il avait à peine vingt ans, lorsqu'il conçut l'audacieux dessein de renverser le crédit des *moralités*, des *farces*, des *soties* et des *mystères*, que nous avons vus prospérer sous Louis XII et faire la fortune littéraire de Pierre Grégoire. Pendant le règne de François Ier, le théâtre, contrarié dans son progrès par les efforts des inquisiteurs, ne s'était point élevé au-dessus des légendes dialoguées qui fleurissaient au 15e siècle, et n'avait rien produit de comparable à la farce de maître Pathelin. Le calvinisme condamnait rigoureusement ces amusements mondains, et les catholiques, indignés contre la nouvelle réforme, avaient autre chose à faire que d'assister aux jeux du théâtre On avait même interdit pendant quelque temps la représentation des mystères. Les besoins de la classe éclairée, les nouvelles tendances de l'érudition réclamaient un grand changement dans cette partie de la littérature nationale. On avait traduit la Sophonisbe de Trissin, l'Antigone de Sophocle, et l'on commençait à trouver un peu barbare le grand mystère de Simon Greban (3), représenté « moult triomphantement, » dit le titre. Il y avait loin du style de Sophocle et de ses plans à cette immense machine go-

(1) On a trop fait valoir la fondation d'une prétendue Académie, établie par Baïf, réunion où l'on s'occupait de musique autant que de grammaire et d'astrologie.

(2) V. Pasquier, Ronsard, les commentaires de Binet et de Muret sur Ronsard, etc.

(3) Joué à Bourges en 1536, à Tours en 1547.

thique où apparaissent quatre cent quatre-vingts personnages ; où se pressent et s'accumulent les mariages, les assassinats, les morts subites, les résurrections, les anathèmes, les enchantements, les guerres, les incendies, les supplices, les fêtes, les martyres; où les bouffons et les courtisanes interrompent sans cesse Dieu le père et Dieu le fils ; où la foudre gronde à toutes les scènes ; où la terre tremble à tous les actes, et qui se termine par le jugement dernier : œuvre inconcevable dans son extravagance. C'est ce qu'on aurait pu attendre d'un Shakespeare ivre, dénué de génie, ou d'un Caldéron en délire.

Alors Jodelle composa sur le modèle de la tragédie antique, d'après le système d'Aristote et dans le style de Sénèque le tragique, sa *Cléopâtre captive*. Le plan en est simple ; le style vulgaire et emphatique ; le langage négligé, même pour le temps : mais la progression de l'intérêt dramatique y est observée, et quelques morceaux ont de l'energie. La Parque, s'écrie Cléopâtre :

> La Parque et non César aura sur moi le prix.
> La Parque et non César soulage mes esprits.
> La Parque et non César triomphera de moi.
> La Parque et non César finira mon émoi.

Entremêlée de chœurs, semée d'interminables tirades, remplie de discours d'une moralité commune; cette pièce, dont l'héroïne donne, sur la scène, des soufflets à son esclave, et dont l'action est absolument nulle, passa pour un chef-d'œuvre, et accomplit une révolution.

Quelle joie pour tous les savants de retrouver sur la scène, de voir vivre et d'entendre parler ces personnages de l'ancienne histoire, qui leur étaient familiers ! Dans la vivacité de leur enthousiasme, ils remplirent eux-mêmes tous les rôles de *Cléopâtre captive*. Jodelle joua *Cléopâtre*. Ronsard, Baif, La Péruse, Remi Belleau, se chargèrent des autres personnages. Représentée d'abord à l'hôtel de Rheims, elle le fut ensuite au collége de Boncour, en présence de Henri II, devant les princes, les femmes et les grands seigneurs de sa suite. Les avenues et le théâtre étaient jonchés de feuillages; les spectateurs se pressaient à toutes les fenêtres du collége, au milieu duquel s'élevait la scène. Ravi de la nouveauté du spectacle, le roi fit présent de cinq cents écus à Jodelle. Paris suivit l'exemple que lui donnait le monarque : les vieux mystères furent à jamais décrédités. C'est à cette source obscure et faible que remonte la tendance classique de notre théâtre. L'influence de l'érudition qui le fonda, au milieu du 16e siècle, se perpétuant à travers les guerres civiles et les changements survenus dans la monarchie, imprima au drame tragique, en France, ce caractère de gravité antique et d'unité stricte et sévère, qui, prêtant de la force et imposant des entraves à Corneille et à Racine, a fait loi jusqu'à nos jours.

Pourquoi, dans les divers pays d'Europe, l'art dramatique, parti du même point, a-t-il suivi des routes si opposées? L'Italie l'a subordonné à l'art musical. L'Angleterre a fait de son théâtre un amusement populaire et une représentation confuse, mais profonde et forte, des actions de la vie humaine. L'Espagne a porté dans le sien l'amour de l'intrigue, celui des aventures, et la dévotion la plus exaltée. On ne peut résoudre ce problème, qu'en remontant au point de départ de l'art dramatique chez tous ces peuples. L'Italie moderne, livrée à des jouissances sensuelles, sacrifiant sa liberté même aux délices des arts, a eu, pour premier essai dans ce genre, l'*Orphée* de *Politien*, véritable opéra, joué devant les Médicis (1). En Espagne, le génie aventureux, l'exaltation profonde et solitaire des habitants, et surtout leur piété ardente, rendue plus vive par leur longue lutte avec le mahométisme des Arabes, devaient décider de la direction donnée à leur théâtre. L'Angleterre, toujours si éprise d'elle-même, et concentrée dans ses souvenirs, dans sa gloire, ses intérêts, ses espérances, en un mot, dans ses vieilles institutions, ne pouvait aimer sur la scène que l'exacte représen-

(1) En 1470.

tation des passions qui l'agitaient, que les actions de ses pères, que les contes et les romans qui amusaient ses loisirs; en un mot, ce qui lui était intimement personnel. La France, au contraire, n'offrait aucun de ces éléments : le fanatisme s'y mêlait à la frivolité; la nation comptait de nombreux souvenirs de gloire, aucun de liberté; la monarchie, à peine formée, attaquée de toutes parts, ne pouvait encore affermir l'unité de sa domination, que Louis XI avait si cruellement commencée. Les provinces qui composaient ce grand corps avaient des traditions différentes et des mutuelles haines. Un théâtre national était impossible. Les passions, sous les armes, ne permettaient pas au poète dramatique de s'élever jusqu'à l'impartialité nécessaire pour reproduire l'histoire sur la scène. Enfin, nous avons vu avec quel étonnement l'esprit de nos ancêtres, jusqu'alors peu cultivé, accueillit les chefs-d'œuvre antiques. Faute d'indépendance, de tolérance, de paix, de liberté; ces hommes, nés dans un mauvais siècle, embrassèrent l'autel de l'érudition. Ce fut leur patrie; ils n'en avaient pas d'autre : et Jodelle, lorsqu'il eut parodié le théâtre grec et fait parler en mauvaises rimes *Seleucus* et *Cléopâtre*, fut porté jusqu'aux nues par ses amis, qui s'enivraient de leurs études, vivaient par la pensée au milieu des républiques d'Athènes et de Rome, et n'attendaient leurs émotions et leurs plaisirs que de l'antiquité savante.

Jodelle, enhardi par son succès, ou plutôt par son triomphe, voulut aussi réformer la comédie. Il avait moins à faire dans ce genre : la comédie est nationale parmi nous. Son essai, à la manière de Térence et de Plaute, intitulé *l'Abbé Eugène* ou *la Rencontre*, est resté au-dessous de la farce de Pathelin. C'est à peu près le même style, avec une gaieté moins franche et une plus profonde immoralité : c'est une observation de mœurs tellement franche, une satire si sanglante des habitudes du clergé, que l'on ne peut trop admirer la naïve effronterie d'un siècle qui souffrait sans s'irriter de pareils tableaux de ses vices.

Le principal personnage est un abbé intrigant et voluptueux, amant de la femme d'un borgeios, Georges Dandin de son époque; il est servi dans ses amours par son honnête chapelain. Un soldat fanfaron, que Jodelle a point de couleurs très-fortes et d'après nature, arrive de l'armée pour supplanter l'ecclésiastique dans les bonnes graces de la dame. Mais, à force de ruses, l'abbé parvient à lui faire épouser sa propre sœur, persuade au mari de ne plus admettre le soldat dans sa maison, s'y établit lui-même, et par ce dénouement, dont on voit toute la moralité, se trouve maître de la place. A travers la grossièreté du style et la licence du sujet, on doit reconnaître le talent de l'auteur. Les situations sont comiques: l'intérêt marche; il y a dans certains passages une légèreté et une verve remarquables. La bassesse du chapelain, l'insolence, la corruption et l'adresse de l'abbé, la brutalité du soldat et sa duperie, la bonhomie de l'époux qui ne voit rien de tout ce qui se passe, sont fortement tracés, quoiqu'avec une rudesse qui tombe dans la charge. Collé, homme d'esprit, a fait plusieurs emprunts à cette pièce de Jodelle, et s'est emparé de quelques bons mots licencieux, qu'il a placés dans ces petits proverbes qui jadis amusaient la cour.

Cet ouvrage produisit beaucoup moins d'effet que la *Didon* et surtout la *Cléopâtre*, si rapidement esquissée d'après les règles antiques. L'impulsion était donnée: les tragédies grecques abondèrent. Jodelle avoit écrit la sienne en vers de cinq pieds. *La Péruse* sentit que le vers alexandrin a plus de majesté; il donna ce rhythme à sa tragédie de *Médée*. (1) On adopta ce perfectionnement. Une foule

---

(1) *Amadys Jamin*, élève de Ronsard, eut aussi le mérite de deviner le vrai caractère du vers alexandrin, et de l'employer dans sa traduction de Virgile. Ronsard avait regardé le vers de cinq pieds comme plus convenable au style épique. Singulière erreur, qui prouve combien tout était peu approfondi dans la versification et la poésie.

d'auteurs dramatiques se pressèrent sur les pas de Jodelle; leurs noms obscurs et le souvenir de leurs œuvres faibles ou ridicules chargeraient inutilement ces pages, et ne nous offriraient que le vain amusement de citer de mauvais vers. *Bounyn* tira de l'histoire turque, sa *Soltane*, c'est le premier exemple d'une tragédie qui ne soit pas grecque ou romaine. Les frères *de la Taille* (1) composèrent des tragédies, dont l'une (*Darius* ou *Daire*) est célèbre par le vers tronqué, que l'auteur place dans la bouche de ce roi mourant :

Ma mère et mes enfants aye en recommanda! . . . .
Il ne put achever; car la mort l'en garda :

réticence dont aucune rhétorique n'avait encore donné l'exemple. *Grevin*, auteur de comédies piquantes, aussi licencieuses que l'*Abbé* de Jodelle, et presque aussi gaies; a semé de vers énergiques sa tragédie de la *Mort de César* : la noblesse du style dramatique lui doit un léger progrès.

Ainsi s'accomplit l'envahissement du savoir ; ainsi se remplissent au-delà des espérances de leur auteur, les audacieuses prophéties de Dubellay. Les vieux romans, les allégories de Faux-savoir et de Bel-accueil, les coqs-à-l'ane de Marot, les récits et les dialogues de Coquillard, les sonnets platoniques de Maurice-Scève tombent dans le mépris : les vaincus perdent leurs dieux. On a vu dans toutes les directions, de tous les côtés, l'érudition s'élancer à la conquête, et tout innover ou plutôt tout imiter, dans tous les genres. Les plus utiles de ces savants furent les traducteurs : nous avons déja cité Dupinet, traducteur laborieux de Pline l'Ancien, et qui, malgré sa prolixité, égale quelquefois l'énergie de son modèle. Il faut nommer encore celui d'Hérodien et de Cicéron, *Jean Colin*; *Claude Gruget*, dont la traduction des épîtres de Phalaris

(1) Son frère, Jean de la Taille, a fait d'assez spirituelles comédies et des pamphlets politiques.

se distingue par une certaine pureté naïve et même élégante : *Millet*, traducteur assez lourd, mais savant de Lucien et de Zonare. Nous ne parlons pas du protestant *Châteillon*, qui trouva piquant d'échanger son nom contre celui de la Fontaine de Castalie (1), et qui s'avisa de revêtir la sainte Bible du langage des cabarets. *Amyot*, dont on associe ordinairement la gloire au règne de François Ier, et qui brilla surtout pendant les règnes de Henri II et de Charles IX, éclipsa leur réputation. Seul, entre tous ceux qui se consacrèrent alors spécialement à l'étude des langues savantes, il a conservé pour nous du charme et de l'intérêt.

C'était un génie heureux, patient et souple. Habile à exécuter avec goût ce que d'autres entreprenaient avec une témérité brutale, il a su enrichir son langage maternel, sans le corrompre. Au milieu de tous les efforts pénibles, dont cette période est le théâtre, nul ne rendit plus de services réels à la langue française. Calvin l'avait employée avec une vigueur poussée jusqu'à la sécheresse et une précision éloquente, mais dénuée de flexibilité. Des Essarts avait donné l'exemple d'un style un peu plus élégant. « Amyot, dit « un auteur contemporain, suça tout ce qu'il y avait d'harmonieux « et de doux en notre language et le mit en usage dans la traduc- « tion de son Plutarque. » Ce fut en effet le premier prosateur, qui développa son talent dans le commerce des Anciens, sans perdre ce charme du naturel, que l'artificielle élocution de Ronsard étouffait presque toujours.

D'une basse origine, long-temps domestique dans un collége, comme le savant la Ramée, il étudiait la nuit à la lueur des charbons ardents qui restaient dans le foyer. *Jacques Colin*, lecteur du roi, et auteur de quelques jolis vers français, lui fit obtenir une chaire de grec. François Ier lui donna ensuite l'abbaye de Bellosane, et ce valet d'un collége, s'élevant aux dignités ecclésiastiques par son savoir, devint ambassadeur et grand-aumônier en

(1) Castalion.

dépit de la reine mère, qui le détestait. Après avoir compulsé en Italie plusieurs manuscrits de Plutarque, et consacré une grande partie de sa vie à l'étude de cet auteur, il publia sa traduction en l'année 1559. Le choix était heureux. La langue dont Amyot faisait usage, s'accordait merveilleusement avec le caractère de l'écrivain original. La tournure d'esprit du traducteur se prêtait si bien à l'expression des pensées, à la réproduction du style de Plutarque, que souvent l'aumônier de Bellosane et l'écrivain de Chéronée semblent se confondre ; vous êtes tenté de croire qu'Amyot, devenu Plutarque, vous parle en son propre nom. Heureuse harmonie du style et des idées, qui, malgré l'inexactitude assez fréquente de la version et la prodigieuse abondance du style d'Amyot, a fait et conservé sa haute renommée. Jamais traducteur ne s'est plus intimement associé à son modèle : dans cette métamorphose, le génie national ne l'abandonne jamais. Michel Montaigne a raison de donner « la palme à Jacques Amyot sur tous les écrivains français « de son temps pour la naïveté et pureté de langage. » Il invente, mais avec goût ; ce qu'il tire du grec est encore français ; ses tournures, ses périodes ont toujours le caractère de notre idiôme. Il fond si heureusement les expressions helléniques avec son vieux langage, qu'il semble nous rendre ce qu'il nous donne et retrouver ce qu'il emprunte. Une foule de mots qu'il hasarde et que nous avons perdus, n'ont aujourd'hui nul équivalent dans la langue parlée ou écrite : ainsi, lorsqu'il nomme Titus Quintius « le bienfaiteur et l'*affranchisseur* de la Grèce, » Pyrrhus un trop grand *mépriseur* « du peuple, » lorsqu'il décrit « une vallée *emmurée* dans de hautes montagnes » ; n'a-t-on pas lieu de regretter un peu avec La Bruyère, La Fontaine, Fénélon, Rollin, D'Aguesseau, Diderot, Jean-Jacques, et le sévère Vaugelas lui-même, ces vieilles richesses du langage, ces expressions fortes et simples qui, n'ayant rien de barbare ni de dur, nous appartiennent en propre, ne peuvent être remplacées que par des circonlocutions, et ne semblent singulières que parce qu'elles sont tombées dans l'oubli ?

Au milieu de ces vicissitudes et de ces efforts, la langue s'était mêlée de beaucoup d'alliage; mais elle avait fait des progrès immenses. En blâmant l'exagération des savans qui l'ont compliquée outre mesure, il serait injuste de leur refuser le mérite de l'avoir enrichie. Alors entrèrent dans son domaine tous ces mots grecs, qui sont devenus techniques, usuels et nécessaires : *Analogie*, *sympathie* (1), *frénésie*, et une foule d'autres qu'il suffit d'indiquer. Ronsard conseilla de changer le mot *trope* en *troupe*, comme plus harmonieux : le grammairien *Muret* lui attribue en outre le mot *parmi* au lieu de *emmy*; ainsi que l'idiotisme vulgaire *et puis*. Quant aux mots *pindarique*, *pindariser*, *ampoule*, *emphase*, ils lui appartiennent sans contestation. *Caron* qui, par amour pour l'antiquité, se faisait appeler Charondas, crée le mot *avant-propos* : Denis Sauvage, le mot *jurisconsulte* : et Joachim Dubellay, plus heureux, nous donne ce noble mot : *patrie!*

Cependant toute la France courait aux armes; l'ambition des Guises, la duplicité d'une reine italienne, la fermentation des esprits, l'inquiétude des seigneurs, l'agitation des communes, la diversité des croyances, la faiblesse du trône allaient, pendant trente années, déchirer le royaume. Nous avons vu l'influence de l'Italie, modifier le caractère des œuvres de l'esprit parmi nous. A cette influence a succédé cette fièvre d'érudition, aux progrès et aux usurpations de laquelle nous avons assisté. Tous ces éléments se sont confondus et mêlés avec l'antique génie de la nation, qu'on a tenté d'étudier en lui-même et qui est avant tout caustique, ingénieux et léger. Une scène nouvelle et plus sombre va s'ouvrir. La fureur des guerres civiles, ajoutant à ces diverses influences un plus haut degré d'énergie, va se servir à la fois de la raillerie, de l'élégance, de l'éloquence, de l'érudition, de la contro-

(1) V. H. Estienne.

verse. La débauche, la dispute, la férocité, l'ardeur des combats, la rage des argumentations, une licence effrénée; des vestiges de galanterie, de délicatesse, d'héroïsme; des fourberies, des assassinats; les duels de la théologie, le grand meurtre de la Saint-Barthélémy, les orgies de la cour, les processions de la Ligue; vont, sans éteindre le pédantisme, sans étouffer le génie satirique qui inspirait Rabelais, sans effacer le souvenir de Saint-Gelais ni éclipser la gloire de Ronsard; embraser les esprits de passions contraires et nouvelles et laisser sur la littérature leur trace sanglante et bizarre. Temps épouvantable, préparé par les règnes précédens, annoncé par les troubles et la minorité de François II et qui date surtout de ce jour, où Charles IX prit les rênes de l'empire, pour les abandonner aux mains dangereuses de sa mère : époque dont nous désespérons de reproduire les singularités et les fureurs, et la licence et les crimes. Ainsi le pinceau échapperait de la main du peintre qui essayerait de reproduire ces orgies du paganisme, où l'on vouait un double culte à la volupté et à la mort; où les flambeaux des furies, placés sur l'autel des dieux, éclairaient à la fois les meurtres et les plaisirs, et les flots du nectar qui se mêlaient au sang des victimes. . . . .

L'éloquence, nulle jusqu'à cette époque, prit un essor nouveau : je n'entends pas par éloquence cette faconde érudite, tissu ridicule de citations et de traductions; loquacité pédantesque, composée de subtilités forcées, de mots emphatiques, d'amplifications, de pointes, d'allusions à la Bible, d'invectives, de facéties et d'apostrophes au soleil et à la lune. Depuis l'époque de Menot et de Maillard, le style de la chaire, s'était chargée d'érudition sans acquérir la gravité, la simplicité, ni la raison. Faudra-t-il nous arrêter long-temps sur ces sermonaires, dont le crédit dura, presque sans interruption, jusqu'à l'époque de Mascaron et de Patru? Leur cynisme égale leur déraison. Celui-ci (1) raconte en termes

(1) André Valladier.

obscènes, la naissance de Luther, qui, selon lui, doit le jour à un inceste. Cet autre prouve que le cœur humain est insatiable, parce que le monde étant rond et le cœur triangulaire, « *Si vous placez un globe dans un triangle, il y reste toujours du vuide.* » Un troisième prêche la passion en style de Gargantua; et cet autre qui a sans doute étudié la théologie dans les hymnes de Ronsard, affirme que « Notre Seigneur est Hercule en mourant, Apollon en res« suscitant, Bellérophon en montant au ciel. »

La même confusion des idées grossières, pieuses, fabuleuses, scientifiques, règnait au barreau, dont les plus nobles soutiens n'étaient pas moins ridicules dans leurs harangues: « Procureurs (disait le vertueux « Achille de Harlay, dans une de ses mercuriales): *Homère* vous ap« prendra votre devoir; *Odyssée*, in libro decimo : et *Eustathe*, en son « commentaire, vous dira comment vous devez vous conduire avec vos « cliens! » Telle était alors l'éloquence d'apparat. *Duchâtel* qui, de correcteur d'épreuves était devenu cardinal et lecteur de François Ier, dont il fit l'oraison funèbre; l'érudit *Despence*, auteur d'un assez bon traité sur l'*Institution des Princes*, de quelques éloges funèbres et de sermons qui l'exposèrent aux dangers du bûcher, parce qu'il avait parlé sans respect de la *Légende dorée*; l'errant visionnaire *Postel*, qui, prétendait aux révélations, soutenait la métempsycose, se disait immortel, et avait tant d'auditeurs qu'il était obligé de les rassembler dans une cour, et de se placer à une fenêtre pour leur faire la leçon : *Richardot*, qui, chargé de faire l'oraison funèbre de Charles Quint, croyait devoir le comparer à Socrate et aux Pyramides d'Égypte, mais qui cependant s'élevait à quelques beautés réelles d'éloquence; *Sorbin de Sainte-Foy*, cruel fanatique, flatteur sanguinaire, qui prodigua les fleurs du beau langage sur les tombeaux d'Anne de Montmorency, de Cosme de Médicis, de Charles IX, de Marguerite de France, de Quélus, de Saint-Mégrin, et qu'un caprice de l'histoire littéraire a oublié, malgré tant d'efforts pour assurer sa gloire (1) : enfin le cardinal *Duperron*, qui passait pour l'homme le plus éloquent de son époque et qui commence son *Éloge funèbre de Ronsard*, par une page traduite de *Tacite* (2) suivie d'une autre page imitée de *Salluste* (3) : tous ces hommes, qui se prétendaient orateurs, sans jamais être émus, sans exciter une émotion chez leurs auditeurs, méritent à peine un souvenir. Leur véhémence est toujours fausse, leurs images, leurs idées, leurs mouvements sont empruntés et factices. Duperron, surnommé le colonel-général de la littérature et qui serait plus digne du titre de grand chambellan du Parnasse, puisqu'il se chargeait de faire les réputations et de présenter les poètes à la cour; a quelques droits à être distingué de ses contemporains. Ses périodes sont artistement construites : dans son oraison funèbre de *Marie Stuart*, servi par le choix d'un sujet si pathétique, il eut quelques intentions éloquentes; et lorsqu'il appela la vengence divine sur la tête d'Elizabeth, dont la coquetterie sanguinaire venait d'immoler sa rivale, tous les assistans fondirent en larmes. La *Rhétorique française* du même auteur contient de bons préceptes, et, quoique remplie d'affectation, n'est pas sans élégance. Enfin il fut le premier des auteurs catholiques qui écrivit la controverse en français, et s'il dut le chapeau de cardinal à ses complaisances pour la maîtresse d'un roi (4), il protégea les gens de lettres et leur disputa le prix du savoir, sans leur porter envie.

L'art oratoire était donc entaché de mille défauts, dont nous ne le verrons pas se corriger avant la fin du seizième siècle. Cependant l'éloquence existait : elle est toujours l'organe des grandes passions. Ce même Duchâtel, lorsqu'il entendit le chancelier Poyet dire à

---

(1) *Thomas*, dans son essai sur les éloges, ne cite pas même le nom de ce prédicateur qui joua un rôle odieux sous les règnes de Charles IX et d'Henri III.

(2) Le commencement de la vie d'Agricola.

(3) Le début de la conjuration de Catilina.

(4) Gabrielle d'Estrées.

son maître qu'un monarque peut, selon son bon plaisir, surcharger le peuple d'impôts, l'interrompait : « Portez, disait-il, ces tyranniques maximes aux Caligula et aux Néron ; et si vous ne vous « respectez vous-même, respectez le roi, ami des hommes, et qui « sait que le premier de ses devoirs est de consacrer les droits de « ses sujets. » Voilà l'éloquence ! Plus tard, Achille de Harlay, au lieu de citer Homère et Eustathe, brave en ces mots le duc de Guise : « Mon ame est à Dieu, mon cœur est à mon roi, mon corps « est entre les mains des méchants. » Paroles immortelles, souvent répétées : accent naïf de l'héroïsme. Ce sont-là « ces braves paroles » que Montaigne préfère aux plus beaux discours ; c'est-là ce que Ronsard appelle, dans son style hardiment figuré, *darder un parler courageux* (1) ; et ces exemples abondent dans le cours du seizième siècle, si stérile en orateurs.

Ce fut dans ces circonstances majeures, au milieu des périls, dans les assemblées où s'agitaient les grandes questions, que brilla, non l'éloquence régulière et savante des Bossuet et des Fléchier, mais la mâle vigueur des pensées. Les *Guises*, dans leurs proclamations, se servent d'un langage plein d'adresse, de familiarité et de force. *Coligny*, moins courtisan, emploie moins de ressources rhétoriques, et frappe l'esprit d'un ébranlement plus vif encore. Les libelles, les pamphlets, dont les *Mémoires de Condé* et les recueils du temps nous ont conservé les plus marquants, étincellent de traits hardis. « Nous les avons brûlés, dit un sage catholique, en « parlant des protestants ; ils ont multiplié. Nous les avons noyés « dans leur sang ; ils y ont frayé. Nous les avons enivrés de vin « aux noces ; et nous leur avons coupé les têtes en dormant, et à « peu de jours de là, les avons vus, de nos yeux, ressusciter avec « têtes plus dures et plus fortes (2). »

(1) Ce poète dit ailleurs avec la même force :

Car je choisis des vers et mâles et hardis
Et des mots courageux !

(2) Mémoires de la Ligue, t. V, p. 667.

Telle était la familière énergie, que l'art ne dirigeait pas, telle était la seule éloquence du temps. Elle semblait l'apanage spécial des membres de la magistrature. Les parlements, d'abord révocables et jouissant d'un pouvoir incertain et faible sous nos premiers rois, s'étaient élevés à une autorité indépendante, qui ne relevait d'aucune autre et s'étendait sur toutes. Déja, pendant les troubles des règnes de Charles VI et de Charles VII; sous le règne plus effrayant encore de Louis XI; les magistrats s'étaient signalés par des actes et des paroles, émanés d'une probité intrépide : on avait entendu *Jean de Lavaquerie*, rapportant à ce dernier roi plusieurs édits contraires aux droits nationaux, lui dire : « Sire, nous venons vous remettre nos charges, et souffrir ce qu'il vous plaira, plutôt que d'offenser nos consciences. » Quand les orages politiques grossirent, sous la minorité de François II, et la domination de Catherine de Médicis, la magistrature, déployant toute son énergie, protégea la liberté contre la révolte, le trône contre les seigneurs, et la religion contre les fanatiques. Ce fut le temps des l'Hôpital, des Séguier, des Montholon, des Pithou, des Molé, des de Harlay, des de Thou, hommes qui unissaient à la simplicité mâle et franche des mœurs de la vieille patrie, toute la constance du stoicisme romain : « *Belles* « *ames*, *frappées à l'antique marque*, dit Michel Montaigne. »

Ces grands hommes servirent peu les progrès de l'art et ceux du langage : trop exclusivement livrés à la recherche des faits pour s'occuper de celle des mots; investigateurs profonds des lois latines et des lois françaises : la jurisprudence, la science politique leur ont des obligations qui valent bien sans doute ce que la rhétorique aurait pu leur devoir. Tous, ils joignaient à l'amour des jouissances intellectuelles, le culte de la vertu.

Avant eux, les *Rebuffi* et les *Accurse* n'étaient que des praticiens érudits. Ce fut au milieu du 16ᵉ siècle, que l'on vit s'unir à l'étude des lois celle de l'histoire et des belles lettres. A la tête de cette grande école de la magistrature, brillait l'Hôpital : homme naïvement sublime, qui ne prit part aux affaires de l'État que pour prouver ce que peut la fermeté de la conscience dans une époque effrénée et confuse. Caton gaulois, qui porta, dans les palais licencieux des Valois, la sévérité de ses mœurs ; épuisa sa vie en vains et nobles efforts pour combattre la fatalité des temps, le schisme par la réforme des mœurs, l'intolérance par la pureté de la foi, et mourut de douleur, après avoir essayé la lutte impuissante de la vertu contre un mauvais siècle. Cette tentative d'une réconciliation religieuse que les passions détruisaient sans cesse, son courage l'avait sans cesse recommencée : généreusement aveugle, il ne voulut jamais, en dépit de la méchanceté des hommes, désespérer du pouvoir des lois. Ses discours, ses remontrances, ses édits, clairs, énergiques, d'une naïveté familière qui nous étonne aujourd'hui, sont remarquables surtout par la force du sens. Il réservait pour ses vers latins l'élégance et la noblesse : mais, dans ses protestations contre les injustices et les fureurs de tous les partis, dans les dures réprimandes que cet homme irréprochable adresse à ses contemporains, dans les tableaux qu'il trace de leurs vices, il ne songe qu'à imprimer fortement sa pensée ; une vivacité mâle, une éloquence de *père de famille*, mêlée d'érudition, mais sans excès, est le caractère principal de ces harangues : « Si vous ne vous sentez, disait le vieux « chancelier aux magistrats, assez forts et assez justes pour com« mander à vos passions et pardonner à vos ennemis, abstenez« vous de l'office de juge ! » Dans une circonstance plus périlleuse encore, où il combattait seul la cour tout entière : « Je sais que « ceci sera trouvé âpre, et que je pourrais parler plus doucement. « Mais la nécessité arrache malgré moi ces paroles à mon cœur, et « me fait préférer de rudes vérités à une douce flatterie. » Que si l'on veut, on n'appelle pas ce langage de l'éloquence, et que l'on cherche un nom plus convenable à cet énergique accent des passions vertueuses. Souvent ces accusations du chancelier, contre les corruptions contemporaines, sont de véritables philippiques. Dans la séance du 26 juillet 1567, fixant ses regards sur quelques hommes que l'on supposait vendus à des seigneurs, il leur disait : « Rendez justice, rendez-la, quand ce serait au plus malheureux homme du monde! N'est pas honnête, que l'on dise d'un « président, d'un conseiller : voici le chancelier de tel ou tel sei-« gneur! Ils ne doivent reconnaître que le roi. » Et ce mouvement admirable en faveur de la tolérance : « Qu'est-il besoin de « tant de bûchers et de tortures? Garnis de vertu et munis de « bonnes mœurs, résistez à l'hérésie! » Tels étaient les cris de douleur et d'indignation, les avertissements d'une sagesse inutile, qui s'échappaient sans cesse de cette ame généreuse. Il faut l'entendre, aux États d'Orléans : « Sire, dit-il, n'écoutez pas ceux qui préten-« dent, qu'il n'est point de la dignité royale de convoquer des États. « Qu'y a-t-il de plus digne d'un roi que de donner à tous ses sujets, « permission d'exposer leurs plaintes en liberté, publiquement, et « en un lieu où ne puissent se glisser l'artifice et l'imposture? Dans « ces assemblées, les souverains sont instruits de leurs devoirs. On « les engage à diminuer leurs anciennes impositions, ou à n'en pas « mettre de nouvelles : à retrancher ces dépenses superflues qui « ruinent l'État; à n'élever à l'épiscopat et autres dignités ecclésias-« tiques que des sujets dignes de les remplir. Devoirs négligés au-« jourd'hui, parce que les rois ne voient et n'entendent que par « les yeux et les oreilles d'autrui. »

Autour de ce grand homme, doué de tant de constance dans les idées, de foi à la vertu, d'intrépidité dans la résolution, se placent les Cujas, les Dumoulin, les Duferrier, les Pithou : quiconque passerait leurs noms sous silence, priverait le 16e siècle de sa gloire la plus durable. Si leur langage était souvent inculte; ils n'en pesaient pas moins, dans la balance de l'état, de tout le poids de la science, unie au courage et à la probité. Réconciliant entre elles les vieilles coutumes de la France et la diversité des lois romaines, ils essayent de réduire en système le chaos de nos institutions; corrigent ou atténuent les contradictions d'une jurisprudence sans unité; et opposent une digue souvent trop faible, mais toujours utile, au malheur de leur temps.

Persécuté à Genève et à Paris, *Dumoulin*, qui d'une part accusait les menées des calvinistes, et d'une autre attaquait les doctrines politiques et l'usurpation temporelle du concile de Trente; esprit ardent et analytique; effrayé des erreurs et des folies qu'il aperçoit de tous côtés; les condamnant toutes, et, victime de la haine des deux partis, se montre au premier rang de ces courageux athlètes. Son style est dur, ses arguments sont pressants, son savoir est immense. *Cujas*, qui, aimant la science pour elle-même, refusa de se mêler aux querelles politiques, et fut près de payer de sa vie sa noble modération: Cujas, de l'école duquel sont sortis les Loysel, les Pithou, les de Thou, les Scaliger, les Pasquier, mérite une place éminente dans l'histoire des progrès intellectuels de l'Europe, par la clarté qu'il a repandue dans une matière confuse et presque sans borne, par cette sagacité qui le faisait remonter aux principes mêmes des institutions humaines. Son influence fut très-grande; mais il écrivit rarement en français. *Loysel*, l'élève chéri de Cujas, qu'il suivit à Bourges, à Cahors, a Valence, et qui, renfermé avec lui et Pithou, travaillait dans sa bibliothèque, depuis deux heures de l'après-midi jusqu'à trois heures du matin; antiquaire, jurisconsulte, historien, écrivain politique; se servait habituellement de sa langue maternelle. Sans parler de ses *Institutes coutumières,* excellent résumé du vieux droit français, on peut relire encore son dialogue intitulé *Pasquier;* et son traité de *l'Oubliance des maux, advenus pendant les troubles:* le style en est grave, ferme et naïf; la pensée en est généreuse.

Forcés par notre sujet à ne point nous arrêter sur le mérite et le savoir de ces hommes qui appartiennent spécialement à l'histoire de la jurisprudence et de l'érudition : donnons au moins un souvenir à *Pierre Pithou*, le Varron de la France, et que Loysel, son ami, compare à Socrate. Infatigable dans la recherche des manuscrits anciens, dans l'étude des vieilles lois de la Germanie, il pose le premier fondement des libertés gallicanes : ses ouvrages sont clairs, d'une distribution savamment analytique et d'un style énergique dans sa vétusté. L'un de ses plaidoyers, que nous a conservé Loysel, contraste avec la puérile recherche du barreau contemporain, par la solidité des arguments et la simplicité de l'élocution. Comment oublier encore, dans cet aperçu trop rapide, le sagace et courageux *Duferrier*, *Dufay*, *Scévole*, que distinguaient l'élégance et le goût, si rares en ce temps ; *Éduard Molé*, qui par un rapport hardi, remit en vigueur la loi salique, et brisa la dernière espérance de la ligue ; *Pierre de la Place*, magistrat modeste, l'une des victimes les plus vertueuses de la Saint-Barthélemy, auteur de *Mémoires* excellents sur l'État de la France, de 1556 à 1561, et de deux ouvrages peu lus aujourd'hui, l'un sur *la Nécessité d'agrandir l'éducation* ; l'autre dont le titre seul annonce toute la sagesse de son auteur, sur l'*Union de la philosophie morale avec le christianisme*?

Jean Bodin, esprit plus hardi dans ses élans qu'arrêté dans ses principes ; écrivain plein de feu et d'incorrection ; savant et paradoxal, tantôt hasardant des témérités singulières, tantôt embrassant dans leur absurde intégrité les erreurs de la crédulité contemporaine : a laissé sur sa route de vives traces de lumière. Sans parler de cette *Démonomanie*, monument du peu de progrès de la raison au 16e siècle, et de son *Théâtre de la Nature* ; recueil de fausses explications des phénomènes naturels ; son traité *De la République*, et surtout son ouvrage *De la manière d'écrire l'histoire*, lui assignent un rang honorable entre les premiers publicistes que la France ait produits. Il essaya d'éclaircir et de résoudre ce grand problème offert à l'intérêt des nations : l'origine de la souveraineté parmi les hommes. Aux données les plus heureuses et les plus nouvelles, il mêla beaucoup d'erreurs. S'il est faux d'avancer que Montesquieu lui a dû l'idée première de l'*Esprit des Lois*, on doit avouer que la *République* de Bodin ne fut ni inconnue ni inutile à ce dernier; et l'on classera toujours au nombre des penseurs les plus hardis, celui qui, aux premiers états de Blois, s'honora de conseiller la tolérance, et consacra les pages les plus brillantes de la *République* à prouver aux rois la nécessité d'établir la liberté générale des consciences.

Tant d'essais de toute espèce, d'intérêts à défendre, de passions allumées, de pensées graves et profondes, de souvenirs empruntés à l'antiquité, exerçaient leur action sur le langage. De Comines à Calvin, la différence du style est encore peu sensible, quoique cinquante années les séparent l'un de l'autre. De Calvin à L'Hôpital, un espace immense est tout-à-coup franchi. C'est du règne de Charles IX que datent la souplesse, l'abondance, la flexibilité, la richesse souvent ridicule et le luxe souvent désordonné du langage. « Depuis nos troubles, dit Estienne Pasquier, on s'est donné « beaucoup de licence, et chacun, écrivant à sa guise, a fait des « mots nouveaux comme il lui plaisait. »

La cour, toujours occupée de ses amusements et de ses frivolités, change alors la prononciation. Les anciens Français s'étonnent d'entendre les femmes et les jeunes gens prononcer pour la première fois *reine*, au lieu de *rouaine* (Royne); *il allait*, au lieu d'*il allouait* (il alloit). Cette innovation, qui donnait de la rapidité et de l'harmonie au discours, mais qui leur paraissait molle et efféminée, excitait le courroux de Pasquier et d'Henri Estienne (1). *Demeurons en nos anciens qui sont forts* (dit un de ces partisans de la prononciation antique), *et laissons aux courtisans leurs mots* douillets.

(1) Avant les règnes de Henri III et de Henri IV, la dipthongue *oi* se prononçait dans tous les mots comme elle se prononce dans le mot *gaulois*.

Ainsi marchaient du même pas les perfectionnements, les erreurs, les essais, l'érudition, la poésie, le fanatisme. *Pierre Saconay*, *Guy de Brès*, protestants, publiaient des pamphlets remplis d'invectives, que les catholiques ne laissaient point sans réponse. *De Bèze* écrivait ses pamphlets, son *Histoire*, et sa tragédie d'Abraham, où se trouvent des tirades énergiques. *Tahureau*, bizarre écrivain, qu'on ne lit plus; imitateur d'Horace et poète assez élégant; avait l'esprit de se moquer de toutes les sottises de son siècle. Le libraire *Corrozet* s'occupait des antiquités de Paris, et composait d'assez jolis vers. Son conte *du Rossignol* (1) se fait remarquer par une élégance de diction bien peu commune sous le règne poétique de Ronsard. *Duhaillan*, mauvais écrivain, dénué de toute critique, mais qui ne manque ni de liberté dans les jugements, ni d'une sorte d'érudition (confuse, il est vrai, et sans critique), donne la première histoire complète de France qui ait paru dans notre langue. L'astrologie judiciaire, soutenue par Bodin, trouve un adversaire dans un écrivain obscur, *Cheffontaine*, à qui cette sagesse, rare pour le temps, mérite bien un souvenir de l'histoire littéraire.

Cependant, après de terribles explosions, après quelques moments de repos, après des parjures, des massacres et des combats sans nombre; la guerre civile était parvenue à son dernier période de fureur. Un an avant la Saint-Barthélemy, lorsque les factions prêtes à s'entre-dévorer, se menaçaient du regard; le Tasse était à Paris: mêlé à la suite du cardinal d'Este, il visitait la cour de France. C'est dans le récit familier de cet homme de génie que se révèle, plus à nu que dans tous les écrits des historiens, l'état de notre patrie, à demi barbare et déja corrompue. « Au milieu de campagnes fertiles s'élevaient des villes mal construites, des rues étroites, des maisons sombres, souvent en bois et mal distri-

(1) Il ne faut pas le confondre avec une autre pièce du 17e siècle, publiée sous le même titre.

« buées, où de petits escaliers obscurs et tournant sur eux-mêmes « conduisaient à de vastes et incommodes appartements. Des « nobles, toujours en armes, impérieux tyrans de leur vassaux; « d'une taille débile et d'une complexion faible (1); d'une ambition « furieuse, d'une profonde ignorance; commandaient à de robustes « paysans. En dépit des efforts de François Ier, la plupart des « des églises contenaient peu d'objets d'art; à Paris affluaient les « protestants trompés par les promesses et la perfide bonté de la « de la cour. »

Paroles naïves d'un étranger, qui jettent plus de lumière sur nos mœurs, sur notre littérature même et sur la situation réelle de notre civilisation, une année avant la Saint-Barthélemy, que ne pourraient le faire toutes les recherches et toutes les hypothèses de la critique. Il était impossible que cette imperfection des habitudes sociales, cette confusion, cette barbarie ne vinssent pas se refléter sur les productions de l'esprit? Le pédantisme de Ronsard, les erreurs du savant Bodin, la familiarité vulgaire des plus graves membres du parlement doivent-ils encore nous étonner? Au milieu d'une civilisation si incomplète, ce que l'on a droit d'admirer, ce sont, la sévère logique de Calvin, et les efforts de la Ramée; c'est l'heureuse et féconde facilité d'Amyot; ce sont les éclairs de génie échappés aux écrivains de la Pleïade, les tentatives de Jodelle, les vues élevées de ce même Bodin, la science profonde et le mâle courage des L'Hôpital et des Pithou; les vérités politiques, qu'ils ont entrevues; les droits des peuples, qu'ils ont si courageusement soutenus.

Le tocsin fatal a retenti. Le sculpteur Goujon tombe, frappé d'un coup d'arquebuse, au moment même où il orne de nouveaux

---

(1) La même faiblesse physique que Le Tasse observait chez les nobles en France, Shakespear l'observait en Angleterre peu d'années après, et Fielding un siècle et demi plus tard. *The lean shanks of the gentry.*

chefs-d'œuvre le palais de ses rois. La Ramée, Coligny, de La Place, Grollot d'Orléans; des savants, des artistes, des hommes simples et pieux périssent assassinés. Pourquoi ne peut-on effacer de notre histoire littéraire et de nos annales politiques la tache sanglante dont cette journée y a laissé l'empreinte? Elle eut pour panégyristes empressés, non quelque stipendié vulgaire, quelque fanatique obscur, mais une armée d'écrivains, dont quelques-uns étaient déja célèbres, et jusqu'à des membres du parlement, qui flétrissaient l'honneur de la toge: *Muret*, le Cicéronien, commentateur de Ronsard: *Guy du Faur de Pibrac*, homme doux, d'un aimable commerce, très-savant, auteur des fameux distiques, si long-temps répétés par la jeunesse; vertueux dans la vie privée, mais criminel par faiblesse: *Papire Masson*, historien qui ne manque pas d'élégance (1), et dont la vie eût été irréprochable sans cette tache indélébile; un misérable nommé *Favier*, qui exalta ce massacre comme l'un des traits les plus sublimes de l'histoire; *Jean de Montluc*, évèque de Valence; le curé parisien *Jean des Caurres*, qui, dans le même recueil (2), publia une ode en l'honneur de la Saint-Barthélemy et un sermon contre la frisure des femmes; le professeur royal *Léger Duchesne*, qui donnait publiquement au monarque l'épouvantable *Exhortation de continuer ce qu'il a commencé contre les huguenots* (3) (tel est le titre de son volume): enfin des chansonniers, des poètes, des auteurs d'affreuses facéties, qui rimaient en vers burlesques la passion de notre seigneur Coligny, « selon l'évangile de Saint-Barthélemy ».

N'exhumons pas des catacombes de l'histoire les œuvres que cet exécrable événement enfanta: œuvres d'ailleurs aussi méprisables par le style qu'elles sont atroces par la pensée. La plus mau-

(1) Il a écrit en latin.

(2) Recueil de prose et de vers.

(3) Paris, 1572, in-8°.

vaise tragédie peut-être que l'on ait publiée depuis Jodelle, c'est la *Mort de Coligny*, par le seigneur de *Chantelouve*, drame ridicule, respirant le fanatisme; où Coligny apparaît comme Oreste, déchiré par les furies; où la rime et la raison ne sont pas plus respectées que l'humanité. Pibrac lui-même, qui ne manquait ni d'adresse ni de talent, balbutie à peine l'apologie qu'il a le courage ou la faiblesse de tenter. Rappelons plutôt le noble exemple du jurisconsulte *Baudouin*, qui, malgré sa pauvreté, rejeta avec horreur une somme considérable offerte par la cour, et refusa de se ranger parmi les panégyristes du coup d'état dont elle-même était effrayée. A ces sanglants spectacles, le jeune *de Thou* sent son cœur frémir d'indignation; et se promet de peindre son siècle et de venger la vertu. Les Loysel, les Pithou, adoptent les maximes de la tolérance. *Jeannin* lui-même, catholique exalté, désavoue ses frères, qui veulent (suivant la belle expression d'un grand homme de la même époque) « faire un dieu cruel et sanglant comme eux. » Enfin le seigneur de *Montaigne*, bon gentilhomme de province et catholique, qui jusqu'alors avait, tranquille spectateur, considéré les événements de la vie, comme une scène à laquelle la souplesse de son esprit et la bonhomie de ses mœurs lui permettaient de se mêler sans trop de danger; effrayé des hommes, rentre dans son château de Périgord; et s'étudie lui-même (1).

Une combinaison, qui ne peut être le résultat du hasard, et qui semble indiquer l'enchaînement mystérieux des causes et des effets, nous a montré l'historien de la politique du 15e siècle, Comines, avec sa moralité machiavélique, jouissant d'une haute faveur à la cour de Louis XI. Calvin apparaît au moment où la sévérité dogmatique

(1) Cette date n'est point hasardée: c'est de 1572, année de la St-Barthélemy, que date la profonde retraite de Montaigne, interrompue depuis cette époque par la fureur des guerres civiles. La première édition des Essais est de 1580, la dernière de 1588.

des réformés se détachait du catholicisme, flétri par les mœurs relâchées de son clergé. Rabelais, par sa monstrueuse gaîté, représente le penchant satirique et les grotesques phénomènes d'une époque où la gaîté même avait quelque chose de sauvage. Enfin, au milieu de ce spectacle, objet de nos observations, nous sommes parvenus au moment où se confondent et aboutissent toutes les influences, que nous avons vues partir de plusieurs points et s'emparer du 16e siècle. Cette dernière époque, la plus orageuse d'un temps fertile en orages : celle où éclatent et luttent avec le plus de violence tant d'éléments hétérogènes; l'époque de la ligue, de la Saint-Barthélemy et des barricades : enfin la partie du 16e siècle, la plus agitée et la plus terrible, va produire à son tour l'écrivain le plus justement célèbre de son temps : c'est Montaigne. Il caractérise aux regards de la postérité les derniers progrès de l'esprit humain au 16e siècle : tout en s'appropriant, pour les étendre, les idées de son époque, il les devancera et les dominera, de manière à n'être pas toujours compris de ceux qui l'entourent.

La réforme, le développement de la jurisprudence avaient imprimé aux facultés de l'esprit une impulsion vigoureuse. Le temps des Calvin et des Dumoulin ne manquait ni d'énergie, ni de subtilité, ni de profondeur: mais la raison, plus tardive que le génie, ne devait apporter qu'après lui les fruits de sa maturité. La marche de la philosophie n'est qu'une lente investigation. L'examen que Comines avait porté dans l'histoire avec une impartialité si froide : que les réformateurs avaient lancé comme une torche enflammée au milieu de l'édifice religieux : l'examen qui faisait découvrir à Galilée les secrets du ciel, à Colomb la forme et l'étendue du globe, n'était point né encore pour la philosophie. La Ramée avait combattu l'autorité aristotélique; Bodin et quelques autres avaient attaqué des erreurs partielles. Mais le défaut du siècle, c'était l'habitude de croire trop fortement, trop aveuglément : nul n'avait encore prouvé la nécessité de douter avant d'observer, d'examiner avant d'affirmer. Ici, comme dans toutes les parties des connaissances humaines, un monde ancien s'écroulait, un monde nouveau devait se former; et comme la philosophie embrasse tout ce que l'homme peut penser, connaître et sentir; cette formation était bien plus complexe et plus difficile. La doctrine du doute et de l'expérience, spirituellement enseignée par Montaigne, analysée ensuite avec profondeur par Bacon, appliquée par Descartes avec témérité et avec génie, ne devait éclore qu'après que les essais, les tâtonnements et les révolutions de toutes les sciences lui auraient montré le chemin et aplani les obstacles.

Le moyen âge avait eu sa philosophie. Féconde en résultats, faux en physique et dangereux en morale : elle reposait uniquement sur un christianisme mal compris, où elle puisait sans discernement le mépris des choses périssables, le dédain de la matière et l'adoration des esprits. Tout se spiritualisait alors : le raisonnement n'était qu'abstraction; le philosophe contemplait sans observer. La synthèse, qui considère les objets dans leur masse, était le seul procédé de l'esprit : on repoussait comme matérielle, vulgaire et déshonorante pour l'homme, l'analyse qui sépare et poursuit les objets dans leurs subdivisions, qui les examine dans les dernières limites de l'être. Aux regards de ces philosophes, le monde n'était pas un composé de parties diverses, mais un seul être, vivant, animé du souffle divin. Une secrète sympathie le rattachait au monde immatériel dont il était l'image terrestre. Ces planètes, qui semblent rouler sur nos têtes; maîtresses de nos destinées et liées avec notre globe par d'étroites affinités; étaient les sources de la vie et du mouvement, le trésor d'où émanaient nos vertus, nos vices et nos malheurs. Elles-mêmes étaient vivantes et commandaient aux actions et aux pensées du monde sublunaire, comme l'astre du jour fait naître dans nos campagnes la végétation et la fécondité. L'esprit de Dieu vivait au fond des cavernes où germe l'or, où la perle se forme, dans le foyer des volcans, dans l'eau des mers; au sein de la plante qui se nourrit de rosée. L'instinct des brutes manifestait à un degré inférieur l'énergie céleste. L'homme, vassal de cette grande tyrannie, dont la brute était l'esclave, conservait sa liberté morale; sa liberté physique restait soumise à l'astre qui avait éclairé son berceau.

Telle était, en général, la pensée qui dominait l'esprit des philosophes chrétiens. Nous y trouvons autant d'éclat que de folie, et une erreur magnifique. De là ces idées fausses perpétuées jusqu'à l'époque de Montaigne, et qui planèrent sur tout son siècle; la croyance à l'influence des astres; l'emploi de la magie et de la sorcellerie; le peu de progrès des sciences physiques; la cruauté des châtiments infligés à l'incrédulité, attentat épouvantable contre l'esprit divin; la foi aux chimères théosophiques; la poursuite de la pierre philosophale; la prépondérance du pouvoir religieux, emblême de la puissance divine, armé de la force intellectuelle qui doit régner sur la puissance civile et matérielle. De là naquit surtout un dédain profond de cette morale simple, applicable à l'humanité dans sa faiblesse; une aveugle haine de la philosophie analytique, qui, négligeant les secrets du monde invisible, se contente d'approfondir en détail les mystères du monde réel.

Alors existait dans une province éloignée de Paris un gentilhomme que la sagesse et l'amour ingénieux de son père avaient garanti, par une éducation forte et douce, des erreurs scolastiques et du fanatisme contemporains: le latin, dont son précepteur, sa nourrice, les domestiques de la maison et les paysans du voisinage répétaient les mots usuels, était devenu son idiôme naturel. Réveillé au son des instruments, une sorte de volupté philosophique avait développé sa jeunesse, et prémuni son âge mûr contre la fureur des guerres religieuses et l'ardeur de l'ambition. Homme de guerre, homme du monde, il vit la cour et porta dans les devoirs d'une vie insouciante et active, la paresse et l'observation auxquelles l'avaient habitué le bien être de son premier âge et le bonheur ou le courage de ne juger des choses que d'après lui-même. Ami de la plupart des hommes célèbres de son temps; d'un commerce facile, et d'un caractère peu fait pour braver les orages politiques: il se résolut à ne plus vivre qu'avec ses livres et lui-même, dès que les troubles de la monarchie prirent un caractère effrayant. Alors, retiré dans une agréable solitude, le seigneur châtelain emportait à la chasse Ovide et Rabelais, Térence et Catulle, Arioste et Lucrèce, plus souvent encore Sénèque, Plutarque, Tacite et Comines. Rêvant à ses lectures, méditant, extrayant tour à tour, il corrigeait ou s'appropriait, traduisait ou appliquait aux événements contemporains, les pensées de ses auteurs favoris: sans plan, mais non sans but, sachant ce qu'il voulait, mais ne sachant jamais où il allait: vagabond dans ses méditations comme dans ses promenades, il étudiait à la fois les anciens et son propre cœur, et joignait à cette double étude la peinture vive et railleuse des vices de son siècle.

Ainsi naquit et se développa sans art, et pour ainsi dire de lui-même, le premier ouvrage où la raison humaine, appliquée à tous les objets que l'intelligence peut saisir, fraya la route à Descartes, à Gassendi, à Bayle, à Locke, à Rousseau et même à Pascal, si différent d'ailleurs de Montaigne par la trempe de son esprit. C'est le premier anneau de cette vaste chaîne de penseurs, qui substitua l'expérience à la croyance, et renversa les théories de l'empirisme. La manière dont cet écrivain commença une si haute entreprise est aussi simple que sensée. Il se contente de repousser le dogmatisme, et s'engage avec lui-même à n'écrire que ce qu'il pense et ce dont il est sûr. Il s'appuye sur les anciens pour apprendre à s'étudier; puis il porte son regard sur lui: c'est la chose qu'il sait le mieux; et traçant une fidèle image de sa propre existence, de *ses humeurs*, comme il le dit, de ses caprices, de ses vertus et de ses vices, il offre à qui veut en profiter, et dégagé de toutes les hypothèses, le type de l'humanité même. Sa main hardie ébranle cette fermeté de conviction, cette crédulité opiniâtre avec laquelle les plus dangereuses opinions étaient soutenues. Il fait vaciller aux yeux des hommes ces idoles qu'ils avaient élevées, qu'ils regardaient comme inébranlables et auxquelles on sacrifiait le sang des victimes humaines. Mal à propos accusé de scepticisme, son livre n'est qu'un combat livré aux fausses lumières. Alors il ne s'agissait pas de dogmatiser, mais d'apprendre à douter. Contre l'opinion générale, il prouve qu'il ne suffit pas de beaucoup savoir, mais qu'il faut savoir *bien* ; bat en ruines cette législation confuse, chargée de gloses contraires, débris d'institutions diverses que Cujas et Dumoulin essayaient de concilier ; prend à partie l'éducation du pédantisme, l'esprit de faction, les disputes théologiques, l'intolérance, les fureurs des sectaires, surtout les injustices juridiques, l'inquisition et la torture. Quand on prenait pour des certitudes tant de lueurs fausses qui conduisaient à des barbaries; la seule philosophie raisonnable et utile, c'était le *doute*.

Il eût payé cher son audace, si, logicien vigoureux, orateur véhément, il eût imprudemment développé la longue accusation de son siècle. Mais, dans son adroite et nécessaire bonhomie, il n'effraya personne et prépara la vérité sans en être le martyr. Les meilleurs esprits du temps ne faisaient que se douter des intentions de Montaigne. « Par adventure, dit Estienne Pasquier, « a-t-il voulu se moquer de nous tous, par une liberté particulière « et à lui propre?» Admettant toutes les doctrines tour à tour, se balançant pour ainsi dire entre toutes les opinions des philosophes; rêvant, racontant, discutant avec une liberté de style égale à l'audace de sa pensée : il retrace la mobile histoire de l'espèce humaine, le délire de sa raison, la folie de son orgueil, la montre sous toutes ses faces et la reproduit tout entière en se contemplant lui-même. Il essaye tous les systèmes successivement, emploie la vigueur de son raisonnement à sonder dans toutes les directions le terrain dangereux qu'il a choisi, pousse son investigation tantôt vers les hautes régions de la philosophie spéculative, tantôt vers la philosophie usuelle et pratique; puis s'arrête, revient sur ses pas, reprend ses recherches d'un autre côté et dans une direction opposée : et laisse à Pascal, Bayle, Fontenelle, Duclos, Buffon, surtout à Jean-Jacques, le soin de développer les germes nombreux que sa main capricieuse et négligente a semés sur toutes les routes de la science.

Ce grand écrivain appartient-il spécialement au 16e siècle par le style et les habitudes du langage? Non : son dialecte est à lui seul. Dès son enfance, il avait *jargonné*, comme il le dit, la langue de Sénèque et de Pline; c'est elle qui, sous une forme à demi-française, à demi-gasconne, sert d'expression à ses pensées naives, piquantes, hardies et familières. Il y a chez lui du Marot, du Lucain et du Tacite : et la vivacité du patois périgourdin se confond sans cesse avec la marche libre de la phrase latine et l'expression vigoureuse de l'idiôme romain. On dirait qu'il a pressenti que le Français ne se fixerait que cinquante ans plus tard, et que, dédaignant à la fois le dialecte de convention, dont les Baïf se servaient, et celui que le peuple employait, il s'est fait à lui-même son dictionnaire et sa syntaxe. « Je le pris un jour à part, « comme nous étions à Blois, dit à ce sujet un contemporain; et « je lui reprochai son ramage gascon : je lui remontrai que les mots « *abrier, gendarmer, asture,* ne sont pas du bon français. Il promit « de s'amender, mais il n'en tint compte : peut-être dans le fait ne « voulait-il que narguer tout le monde par ces belles inventions, « singularités, *contrepointes* et *piaffes.* » Mêlant ainsi la vive familiarité du discours parlé, à l'éclat des images et à ces expressions de verve, qui semblent ajouter à la profondeur de l'idée qu'elles colorent; alliant une naïveté pleine d'élévation à une vigueur de style qui ne tombe jamais dans l'emphase et se concilie tour à tour avec la grace, ou avec la sauvage énergie de son époque; les plus remarquables écrivains des siècles suivants l'ont étudié comme un modèle, et se sont enrichis des emprunts qu'ils lui ont faits, sans pouvoir rien enlever à sa gloire. C'est de tout son siècle l'homme qui a le plus vivement influé sur les siècles suivants; c'est celui que nous connaissons le mieux, que nous relisons le plus souvent, que nous consultons, et que nous aimons davantage. Nous avons besoin de nous expliquer à nous-mêmes la célébrité de la plupart de ses contemporains : leur mérite ne nous semble évident que si nous les comparons avec leur époque et les circonstances qui les entouraient. Mais Montaigne est vivant pour nous; il nous semble que le sang circule encore dans ce cœur plein d'amour pour les hommes, dans ce cœur fait pour l'amitié, dont il a tracé la plus vive image; que cette ardente énergie, cette verve de sensibilité, n'ont point été détruites par la mort; et que l'auteur de ces admirables passages sur Rome détruite, sur la vertu, sur l'éducation, sur la science, sur la conduite privée, sur la tolérance, sur l'héroïsme, est notre contemporain, notre conseiller, notre guide.

Montaigne a créé ou employé avec audace un grand nombre de mots, dont plusieurs sont restés dans notre langue. Je citerai seulement *diversion* et *enfantillage*, qu'un des critiques de son siècle lui reproche d'avoir introduits, et qui sont d'une création très-heureuse. On connaît ses mots gascons; *ainsin* pour *ainsi; asture* pour *à cette heure*. Ronsard voulait aussi que le mot *ainsin* (idiotisme à la fois parisien et gascon) fût employé devant les voyelles. On a compté plus de deux cent soixante expressions employées par Montaigne (1), et tombées en désuétude. Ce nombre s'augmenterait beaucoup, si l'on voulait y comprendre les nouvelles acceptions qu'il a prêtées aux mots déja usités. « Ma profession en cette « vie, est de *la vivre* mollement, pour *la jouir* au double des au« tres. » « Il faudrait s'enquérir *qui mieux est savant,* non *qui plus est* « *savant.* » Et cette peinture de l'héroïsme, « qui *tombe obstiné en son courage* » ; et ces défaites, « *triomphantes à l'envi des victoires* » ; et la

(1) L'abbé Talbert. Notes à la suite de son *Éloge de Montaigne*.

vieillesse « qui nous imprime *plus de rides à l'esprit* qu'au visage »; et ces belles actions particulières « qui s'ensevelissent *dans la foule* d'une bataille »; et « Rome, *épouvantable machine,* dont le monde, ennemi de sa longue domination, avait *brisé et fracassé toutes les pièces* »: ces expressions ne sont pas du 16e siècle; elles ne sont qu'à Montaigne. A peine Pascal et Jean-Jacques, dans l'audacieuse conscience de leur force, ont-ils pu s'approprier quelques-unes de ces riches et inaliénables dépouilles du plus grand écrivain de son temps.

Groupons autour de lui, examinons rapidement les objets de ses affections les plus vives : *Laboëtie,* son ami de cœur, et *Charron,* le disciple de son choix. Laboëtie, quand même il ne serait pas connu par les éloquents regrets de Montaigne, mériterait une place entre les auteurs distingués de cette époque. Esprit sévère, indigné des crimes de la cour de Charles IX; il se précipite vers les idées républicaines, par horreur pour les excès du pouvoir. Tandis que son ami, moins rigoureux que lui dans ses déductions, et doué d'une ame plus douce qu'impétueuse, voulait conserver la monarchie, et se contentait de donner aux monarques d'assez libres conseils : Laboëtie, « jeune homme plein d'ardeur, qui *eût mieux* « *aimé être né à Venise qu'à Sarlat* » (1), proclamait hautement ses opinions, toutes contraires aux institutions de la France. Son ouvrage, intitulé le *Contre-un,* ou la *Servitude volontaire,* est tel qu'auraient pu l'écrire Machiavel, aux jours de Florence républicaine, et Rienzi, pendant son consulat. Le style en est grave, élevé, précis, plein de sens et de force, le raisonnement calme et austère, l'élocution correcte et saine, et l'application dangereuse aux lieux où le peuple n'est pas maître.

Ainsi fermentaient dans la société du 16e siècle, ces idées de révolution et de liberté, que Bodin, Hubert-Languet et Laboëtie

(1) Montaigne.

ne craignaient pas de répandre, et qui devaient, deux cents ans plus tard, bouleverser les institutions de la vieille France. L'autre ami de Montaigne, *Charron*, héritier de ses armoiries et de ses doctrines, se contenta de reproduire systématiquement et d'exagérer avec méthode les pensées que son maître avait émises sous la forme plus habilement modeste du soupçon et du doute. Montaigne avait montré le ridicule du dogmatisme; Charron dogmatisa le scepticisme. L'un disait en riant, *que sais-je?* L'autre affirmait qu'il ne savait rien. La vérité des religions, l'autorité de l'Église, la certitude de la morale même, furent attaquées par Charron: il poussa jusqu'à l'abnégation de toute règle, l'indépendance des idées que lui avait enseignée Montaigne; l'Université, le Châtelet, le Parlement se soulevèrent à la fois contre l'audacieux théologal. Heureusement le président Jeannin conjura l'orage. Esprit gravement sceptique, Charron écrit comme il pense: sa marche contraste par sa lenteur et sa lourdeur avec l'allure vive et sautillante de son maître: on ne le lit plus guère aujourd'hui; et ce qu'il faut surtout remarquer dans sa destinée, c'est que sa gravité ennuyeuse et méthodique l'exposa à tous les dangers que la bonhomie railleuse de Montaigne avait su esquiver si adroitement (1).

Charron et la Boëtie se rapprochent des écrivains du commencement du 17ᵉ siècle. Ils modèlent déja leur style d'après des formes reçues; et, doués de peu de vivacité dans l'imagination, ils réussissent souvent à donner à leur phrase ce degré de correction qui manque quelquefois à Montaigne. Cependant, au milieu des troubles de ce temps funeste, où (comme le dit D'Aubigné) on se battait dans tous les villages, où « chaque masure et chaque bouquet de

---

(1) Nous ne parlons pas du livre des *Trois vérités*, aussi orthodoxe, que celui de la sagesse l'est peu; souvent mieux écrit que ce dernier, il renferme des pages éloquentes.

« bois cachait une embuscade; » au moment où la ligue éclatait, où se faisaient jour de toutes parts les hardies innovations des écrivains que je viens de nommer: ce qu'il y a de plus frivole dans les œuvres de l'esprit conservait encore de nombreux prosélytes. Les imitateurs de Rabelais continuaient ses railleries obscènes : *Fanfreluche et Gaudichon*, *Mythistoire baragouine*, paraissait immédiatement après la Saint-Barthélemy. Malgré le mouvement fébrile qui entraînait la société, elle ne perdit pas un moment son vieux caractère de raillerie gauloise. *Cholières* publie ses contes; *du Bouchet* ses *Serées*(1) aussi piquantes qu'immorales; *Béroalde de Verville*, son livre obscène et confus (le *Moyen de parvenir*) où se trouvent quelques inventions heureuses; enfin le chanoine *Nouvellet*, ses *Joyeusetés*. Antoine *de Cotel* dédie à un cardinal de *Gaies poésies*, que nous jugeons aujourd'hui trop gaies; et le médecin *Joubert* a le courage de composer, au bruit des discordes civiles, son *Traité du rire*, où se trouvent quelques idées philosophiques, ainsi que son *Traité des erreurs populaires*, qui par le fond des idées, si ce n'est par le style, s'élève au-dessus de son époque.

Quand les passions politiques et religieuses se mêlèrent à cette verve de gaieté; quand la haine, le sarcasme, l'indécence, les personnalités, la licence et l'érudition se confondirent dans les mêmes esprits: on vit paraître d'étranges pamphlets; nul autre siècle ne produisit de pareils ouvrages. Tels sont la *Fortune de la cour*, satire licencieuse et amère; l'*Ile des Hermaphrodites*, libelle sanglant dont Henri IV a cru devoir attester la véracité, et dont l'auteur est resté inconnu. Telle est aussi la cruelle *Légende du cardinal de Lorraine*, par le protestant de la Planche, auteur de bons Mémoires sur son temps; et cette autre *Légende de Catherine de Médicis*, composée en français et en latin par *Henri Estienne*, le plus bel esprit et l'un des plus savants membres de cette famille illustre et vraiment noble.

---

(1) Soirées.

Personne ne connaissait mieux qu'Henri Estienne le génie des Grecs (1). Aucun protestant n'avait voué plus de haine au clergé catholique. Ce double sentiment lui dicta son *Apologie pour Hérodote*, ouvrage amusant et unique dans son espèce. Sous prétexte d'excuser Hérodote, taxé de crédulité dans ses récits, il y accumule tout ce que le 15e et le 16e siècle ont produit de bizarre : historiettes scandaleuses, crimes avérés, forfaits douteux, sottises populaires, folies privées et publiques, monstruosités invraisemblables et prouvées; et quand il a réuni tous ces traits épars, il demande à ses contemporains s'ils ont le droit de mépriser l'antiquité vénérable, et de railler le bon Hérodote. C'est le ton goguenard de Rabelais, l'art de conter, si commun chez nos vieux auteurs, et une égale connaissance de la chronique scandaleuse des temps modernes et de l'antiqnité. Battu des orages politiques et religieux, Henri Estienne rendit à la langue française et à la science les plus grands services. Dans son *Traité de la précellence de la langue française*, il soutint ses droits, devina son universalité et prouva qu'elle est susceptible à la fois d'éloquence et de grace. Son père, Robert Estienne, « auquel, dit un « historien, nous devons plus qu'à un général d'armée qui aurait « pris cent villes et gagné cent batailles, » s'était immortalisé par son *Trésor de la langue latine*. Henri éleva un monument pareil à la langue grecque. Il s'aperçut, en le composant, des nombreux points de rapport qui se trouvent entre notre idiôme et celui des Hellènes; de là cet excellent *Traité de la conformité des deux langages*, où il exagère les résultats et l'étendue de son système; mais dont les bases sont vraies et profondes.

La manie de parler italien en français s'était répandue de la cour, parmi le peuple. On dénaturait notre langue; et l'on n'était pas réputé bien parler, si l'on ne disait *contraste* pour *discorde; garbe*

(1) Il avait passé plusieurs années à Venise dans la société « d'un vieux gentilhomme grec, » comme lui-même nous l'apprend; et n'avait pas cessé de parler grec avec lui.

pour *bonne grace; en conche* pour *en ordre; accort* pour *avisé.* On allait plus loin; on disait à la cour qu'une affaire était faite *sgarbatement* (sans grace), que l'on s'était *inganné* (trompé), et qu'une femme était *leggiadre* (jolie). Henri Estienne s'éleva contre cet abus, comme Dubellay venait de s'élever contre l'excès des transformations grecques et latines. Homme instruit, doué de pénétration, de jugement et d'esprit: il continua à servir sa patrie, qu'il était forcé de fuir, vécut errant et mourut en exil.

On voit se perpétuer ainsi les diverses influences dont j'ai tracé la route et montré l'origine. Mais dans l'ardeur des guerres civiles elles s'exaltent et se confondent. L'insouciant Montaigne lui-même sort de son caractère et s'arme d'éloquence. L'érudition devient hostile dans l'*Apologie* d'*Henri Estienne pour Hérodote.* La vieille manie des allitérations; le ridicule des logogriphes et des calembourgs, en honneur du temps de Cretin, trouvent encore un représentant et un écrivain voué à leur cause, dans le sieur *Tabourot,* qui, portant un tambour dans son écusson, se crut prédestiné à faire des jeux de mots, et se donna, de sa propre autorité, la Seigneurie *des Accords.* Tout ce qu'il y avait de capricieux dans cette époque se réunit chez ce burlesque personnage. Ce n'est pas la franche licence de Verville, ni la savante causticité d'Estienne; mais une bouffonnerie de commande, née de mœurs dépravées, licencieuses et élégamment affectées. Cet homme, qui n'a pas écrit six pages exemptes de folie et de mauvais goût (1), a joui de plus de vogue que Montaigne. On louait ses belles inventions et ses érudites facéties. Ses *Bigarrures*, où le second livre est placé le quatrième, où se trouvent entassées mille extravagances mêlées à des saillies spirituelles, reçurent les éloges des meilleurs esprits (2) de ce temps. Le platonisme, qui semblait abandonné depuis l'évê-

(1) On est étonné de rencontrer au milieu des facéties du sieur Desaccords, un excellent passage *sur l'éducation des enfants.*

(1) V. Estienne Pasquier, (*Lettres familières*, etc.)

que *Heroët*, inspirait encore à un mauvais poète (1) *sa Gélodacrye amoureuse*, où il appelait sa maîtresse *l'Idée*; nom vraiment impalpable et qui indique le dernier degré du spiritualisme amoureux.

L'érudition continuait aussi ses recherches. *Denis Lambin* professait au collége de France; et, par la lenteur de son investigation, il enrichissait à son insu la langue française du verbe nouveau *lambiner*. *Dutillet*, greffier, compulsait, par ordre des rois, les vieux chartriers et les actes authentiques renfermés dans nos archives. Sans élégance, mais non sans utilité, il a de l'exactitude, et quelquefois de la critique : il apporte dans l'étude de l'histoire les scrupules et même les chicanes de la plaidoirie. C'est le premier auteur qui ait confronté les annales de la France avec les monuments d'une incontestable antiquité. Un style plus barbare encore que diffus, distingue *Claude Fauchet*, homme impartial, érudit, patient, qui débrouilla nos antiquités gauloises, et jeta quelque lumière sur le commencement de notre littérature. Dans ces années de tumulte, d'effervescence, de frénésie, l'ardeur de savoir ne s'affaiblissait pas. Il faut lire dans les Mémoires de Jacques-Auguste *de Thou* comment Paul de Foix, prélat vénérable, que l'érudition avait élevé à la fortune, et que le parlement avait admonesté, parce qu'il penchait vers la tolérance (2); mit à profit pour ses travaux littéraires son voyage en Italie où il était envoyé comme ambassadeur, une année après la Saint-Barthélemy (3). « Près de lui, dit l'historien, chevauchait Ar-
« nault d'Ossat, son secrétaire, qui lui expliquait Platon, tout
« en faisant route. Pendant les apprêts du repas, André du Chesne
« (que de Thou ne manque pas de nommer *Quercetanus*) lui lisait

---

(1) Le seigneur *A. de Pontoux*. (Gelodacrye; *Mélange du rire et des larmes.*)

(2) V. Mémoires de l'Académie des Inscriptions, t. XXIII. Notice sur Paul de Foix par Secousse.

(3) 1573.

« les fameuses Paratitles de Cujas, que ce grand jurisconsulte avait « dédiées à Paul de Foix. Ensuite l'ambassadeur reprenait les Para- « tilles, les expliquait, les analysait, les commentait savamment, jus- « qu'à l'heure du coucher. »

Jacques de Thou lui-même, fort jeune encore, était du voyage, et s'occupait à recueillir dès-lors les matériaux de sa grande histoire, œuvre de sa vie entière. Cet homme juste sentit, comme Montaigne, l'état d'imperfection où se trouvait la langue française : mais il n'avait pas, comme le seigneur gascon, à faire l'histoire particulière de ses opinions et de ses caprices. Un idiome grave et souple, éloquent et généralement connu, lui était nécessaire pour tracer le vaste portrait de son siècle. Il choisit le latin, qui était alors le dialecte commun des hommes éclairés : si l'on peut s'ériger en critique du style, quand il s'agit d'une langue morte depuis quinze siècles, on doit ajouter qu'il l'employa avec élégance et noblesse. Judicieux, véridique, sans autre passion que celle de la vertu, père de l'histoire moderne, considérée dans son ensemble et dans ces rapports nouveaux et intimes qui, depuis la découverte de l'Amérique, font de l'Europe une seule nation; l'un des premiers qui aient recueilli les titres historiques de notre gloire littéraire au 16e siècle; il appartient à la littérature française, dont son ouvrage est l'un des plus beaux monuments; mais cet ouvrage n'appartient pas à notre langue. Exact, animé, abondant : plus noble que pittoresque et plus judicieux que profond : son respect pour le beau titre d'historien, son enthousiasme pour la vertu, son amour de la tolérance et sa haine des factions, communiquent souvent à son style une élévation douce et touchante qui rappellent, pour l'onction et la noblesse, Fénélon et Vauvenargues. Lui-même, il s'est peint en quelques lignes : « Ce que doivent faire les « bons juges, quand il est question de la vie et de la fortune de « leurs semblables, nous l'avons fait dans cette histoire : consultant « sans cesse nos scrupules, interrogeant notre conscience et cher-

« chant à retirer la vérité des profonds abîmes où l'avaient plon-
« gée les fureurs des partis (1). »

Le chef de la philosophie moderne et celui de la nouvelle école historique sont nés tous deux du sein des troubles civils. Montaigne, se repliant sur lui-même lorsque la France est en feu, consacre sa vieillesse à s'étudier pour instruire ses semblables. De Thou, ame pure, qu'épouvante son siècle, veut le reproduire fidèlement; il commence ce tableau immense dans « les camps, devant les villes « assiégées, au bruit de la trompette; il le continue dans les am- « bassades, dans les cours, près des bûchers qui s'allument, au « bruit des séditions populaires et des clameurs du Forum. » (2) Si l'on réunit dans sa pensée, si l'on pèse attentivement la double supériorité de ces deux hommes, *Montaigne* et *de Thou* : si l'on se rappelle le point d'où nous sommes partis : la moralité chancelante de Comines, l'éloquence gothique de Jean Lemaire, la critique de Robert Gaguin; si l'on réfléchit à la distance qui sépare l'historien du 16e siècle et le philosophe gascon de ceux qui les précédaient; de Calvin, si rigoureux et nécessairement si injuste; de L'Hôpital lui-même, citoyen romain, qui traitait la France comme Caton le censeur traitait Rome; de Rabelais, la plus forte tête de son temps, bouffon caustique, homme d'un génie monstrueux, enivré de facéties et de licence : si l'on veut penser que tous les principes qui assurent le bonheur des hommes; que la liberté des croyances, celle des peuples, le respect dû aux lois, la nécessité de l'examen, préparés lentement pendant l'espace que nous venons de parcourir, mais toujours méconnus, se trouvent enfin proclamés avec éloquence, avec dignité, avec calme, par de Thou et Montaigne : si l'on compare l'élégance et l'art, la simplicité de bon goût et l'heureux enchaînement des faits qui distinguent de

(1) *Præfatio ad Henricum, lineâ postremâ.*

(2) Id. ibid.

Thou, avec l'imperfection et le désordre des anciens mémoires, dont Comines lui-même avait adopté la forme : on admirera la rapidité insensible du progrès, qui, nous entraînant comme à notre insu, vient de nous conduire des informes essais où le talent se couvrait de si grossières enveloppes, jusqu'à ces monuments, qui dureront autant que la civilisation de l'Europe. Progrès étonnant : résultat indispensable des diverses influences, que je n'ai point cessé de signaler dans leur marche. La route s'est faite d'elle-même : le changement perpétuel des mœurs nous a fait passer tour à tour d'une littérature à une autre; de Marot à Ronsard; de Calvin à Montaigne; par une transition à peine aperçue. En effet, dans l'histoire intellectuelle, comme dans l'histoire de la nature physique, rien ne s'opère par saillies impétueuses : tout se forme, se prépare, se modifie; une pente insensible entraîne vers de perpétuelles mutations, le monde, les empires, les saisons; tout a son germe et sa cause, tout produit son effet et donne ses fruits; et l'observateur le plus exact est celui qui laisse le moins de lacunes dans cette vaste trame dont il cherche à découvrir l'enchaînement.

Le règne sinistre de Charles IX nous a éloignés de la poésie. « Les discordes publiques », dit un contemporain (1) dans son style érudit, « avaient troublé la source du Permesse. » La Pléïade cependant accomplit glorieusement sa destinée; et, quoi qu'ait pu avancer Boileau, son éclat ne commence à s'obscurcir qu'au commencement du 17e siècle. Brantôme, qui écrivait vers 1590, cite toujours le *grand Monsieur de Ronsard;* et Pasquier prouve, en moins de cinq pages in-folio, que Virgile, homme de génie d'ailleurs, reste, en beaucoup de passages, au-dessous de l'*Homère du Vendomois* (2). On adorait toujours les vestiges de ce réformateur : mais, comme il arrive dans les écoles, ses disciples se partagèrent

(1) Binet, Vie de Ronsard.

(2) Recherches de Pasquier, l. 3, c. 8.

en plusieurs sectes. Il avait imité tour à tour, ou même à la fois, les Italiens, les Grecs, les Latins. Les plus hardis le suivirent et le dépassèrent dans sa route de créations savantes; les plus timides firent à son exemple le sonnet, sur le modèle de Pétrarque. Ces derniers, qui se rapprochaient de la manière de Saint-Gelais, ont conservé quelque réputation : les autres, et à leur tête Dubartas, partagent avec Ronsard cette immortalité burlesque dont nous avons recherché les causes.

Au fond de cette Gascogne, si fertile en hommes remarquables, *Dubartas*, noble protestant, au service du roi de Navarre, et, depuis, gentilhomme ordinaire de la chambre de Henri IV, faisait des vers destinés à jouir quelque temps de la même célébrité que ceux de Ronsard, et à tomber dans un discrédit plus grand encore. Il commença par imiter et commenter un auteur grec du moyen âge; Georges Pisidès (1), qui avait décrit en vers endécasyllabes, l'œuvre des six jours, c'est-à-dire la Création. Quand cette description d'un théologien du Bas-Empire fut amplifiée par un Gascon, élève de Ronsard; on devine aisément le mélange de subtilité, d'emphase, de forfanterie, de prolixité, de dureté et de ridicule qui dut caractériser un tel poëme. Ronsard lui-même vit qu'on le dépassait. Il avait donné l'exemple de composer des mots à la manière grecque; et la toux *ronge-poumon*, le *solei brûle-champs* valaient bien les plus bizarres créations de Dubartas. Mais ce dernier les prodiguait, et Ronsard ne les avait employés qu'avec une sorte d'économie. Chaque phrase de Dubartas en contient trois ou quatre, et l'on en trouve jusqu'à six dans un seul de ses distiques. La Guerre, qu'il personnifie, est

Casse-lois, casse-mœurs,
Rase-forts, verse-sang, brûle-autels, aime-pleurs.

Comme la Création du monde a dû renfermer le germe de tout

(1) Mal à propos nommé Pisidek : son ouvrage est intitulé *Hexaméron*.

ce qui sera jamais, l'auteur part de là pour tout décrire. Son Épopée est une encyclopédie : on y trouve des thèses de Sorbonne, des commentaires sur la physique, des allégories païennes, mêlées aux miracles de l'Écriture, des leçons de mathématique, de politique, de morale, d'histoire naturelle ; le tout hérissé de mots interminables, forgés et ajustés péniblement. Six éditions et des traductions, en toutes les langues d'Europe, prouvèrent, non que Dubartas fût un grand poète, mais que son époque était sans goût.

Ronsard et ses amis protestèrent contre ce succès. « Bartas, dit « l'un des commentateurs (1) du chef de la Pléïade, n'a fait que « tourner en français un auteur grec, dans sa peu coulante et peu « fidèle *sepmaine.* » Duperron, qui ne trouvait à reprendre dans Ronsard que des incorrections, condamna sévèrement le faste pédantesque de son imitateur. Enfin Ronsard, qui n'avait pas le droit de critiquer le néologisme, lança contre le jeune écrivain les anathèmes de sa critique ; blâma *ses mots sourcilleux et venteux*, ses efforts grotesques pour

Enfler ampoulément sa bouche Pindarique,

et le jugea comme il aurait dû se juger lui-même. L'abus de sa propre théorie lui ouvrit les yeux sur le ridicule de la tentative ; on dit que sa vieillesse fut tourmentée de ses scrupules sur sa propre immortalité, et qu'il s'occupait à retoucher ses poëmes, malgré les prières de ses amis, quand la mort vint le surprendre. « Respectez la langue française, disait-il aux jeunes poètes qui ve« naient le consulter, ne battez pas votre mère. Je vous recom« mande par testament les vieux mots français que l'on veut rem« placer par des termes empruntés du latin. Conservez bien et « défendez ces paroles. *Collauder, contaminer, blasonner,* ne valent « pas *louer, mépriser, blâmer.* » Ces retours de Ronsard vers la raison justifient un peu cet homme remarquable, dont le talent fut

(1) Garnier.

sacrifié aux erreurs d'un faux système; qui eut le tort de naître trop tôt, de marcher trop vite, de consulter les savants et non son propre goût, enfin de commencer à l'étourdie une réforme prématurée et une tentative impossible.

Dubartas lui-même, moins méprisable qu'on ne pourrait le croire, a presque toujours de l'enflure, mais quelquefois de la noblesse: sa roideur et son emphase le garantissent de la trivialité et le rapprochent quelquefois de la concision et de la vigueur. Comme Ronsard, il dit toujours quelque chose, bien ou mal, et méprise les mots parasites. La maladie est pour lui, un *poison à mille noms*, *ministre du trépas*, *qui s'en vient au galop et s'en retourne au pas.* Il nous montre la santé, « le front sans rides, l'œil sans larmes, la joue sans pâleur; elle est riante comme l'enfance, vive et fraîche comme elle, et dans la main de la déesse brille le flambeau de la vie. »

Tandis que Dubartas exagérait tellement les innovations extravagantes, que Ronsard même en était effrayé: quelques poètes restaient étrangers à l'orgueil de l'érudition comme à ses ridicules. La guerre civile avoit enrichi le langage de mots nouveaux : les mots *piaffe*, *piaffer, aller à picorée*, n'ont pas d'autre origine. Ces aventuriers qui, toujours sous les armes, passaient du camp protestant, à celui des catholiques, s'avisèrent quelquefois de rimer. Ils portèrent dans la poésie la fanfaronnade du corps-de-garde et la témérité de la vie guerrière. Parmi ces spadassins poétiques, assez nombreux à la fin du 16e siècle, il nous suffira de nommer, *le Poulchre de Messemé* qui prétendait descendre de *Claudius Pulcher;* et surtout le capitaine Gascon, *Mars de Lasphryse*, dont le nom véritable était *Marc*, et qui au milieu de ses rodomontades ne manque ni de talent ni de verve. Il se vante d'avoir été

Bercé dans un écu, sous le bruit du canon.

Après avoir servi sur terre et sur mer, forcé à la retraite par ses blessures, il fit des vers pour amuser son loisir : vers incorrects, comme tous ceux qui parurent avant Malherbe; quelquefois entachés de calembourgs et de concetti, souvent plus gaillards qu'il n'appartenait même à un vieux soldat; mais presque toujours remplis de vivacité et d'abandon. Cet homme, dont *le camp était le collége*, déplore, avec des accents partis du cœur, la perte de sa mère. On trouve dans ses œuvres peu de traces du pédantisme alors à la mode: l'énergie habituelle de son esprit fait une diversion agréable aux savants efforts des imitateurs de Dubartas. Le théâtre retentissait de tirades inintelligibles et barbares; on applaudissait, par exemple, ce distique extrait d'une tragédie *d'Orbecce*, par le sieur *Dumonin :*

Orbecce fréricide, Orbecce méricide!
Tu seras péricide, ainsi que fillicide!

Ce qui veut dire en bon français : « Orbecce, qui as tué ton frère « et ta mère, tu égorgeras ton père et ta fille. »

Sans nous arrêter long-temps sur ce grotesque auteur, qui se faisait appeler le poète Gyanin, parce qu'il était né à Gy; le seul qui puisse se vanter d'avoir vaincu Dubartas lui-même en dureté (1) et en bizarrerie : occupons-nous de ces écrivains plus réservés, qui, se livrant à l'imitation des Italiens, abandonnèrent les innovations pédantesques de leur maître sans secouer son autorité, et se vouèrent à la poésie galante et légère; soit que Ronsard et ses amis parussent avoir épuisé les ressources de la poésie boursouflée, ou que l'on commençât à se fatiguer du fracas des grands mots. Les uns, comme Gilles Durand et Passerat, se contentèrent de rester fidèles aux traditions marotiques; les autres, comme Desportes et Bertaut, cherchèrent à égaler l'élégance du Bembe et de Sannazar. Ces deux écoles forment si l'on peut le dire, la suite et comme l'affaiblissement de l'école érudite qui, ne renfermant rien d'original et d'essentiellement français, eut le sort

(1) V. les *nouvelles œuvres de Dumonin* (1582), et son *Uranologie* (1585).

de toutes les institutions factices : à peine éclose, elle dégénéra : son développement ne fut qu'un état de langueur. Avec Desportes, commencent cette molle élégance, cette grace raffinée, auxquelles on ne peut donner beaucoup d'éloges, ni faire subir une critique bien sévère.

Ce n'est plus l'affectation du pédantisme, c'est déjà le vernis uniforme d'une pureté qui n'est pas sans recherche. La langue poétique fait des progrès : les hiatus que Ronsard se permettait fréquemment, sont rejetés ; la versification à déja ses principales règles. Plus d'enjambemens prosaïques : *Desportes* sait couper la phrase poétique, la varier et la suspendre. Comme Mellin de Saint-Gellais, il vivait à la cour, heureux, riche, insouciant, et pourtant bien payé de ses couplets adressés aux maîtresses des rois. Sa métaphysique galante est sans doute trop subtile : mais il sait la revêtir d'un coloris ingénieux ; la gaîté et la grace du refrain, l'allure vive et piquante du couplet lui sont familières. Toute la cour répétait ses chansons ; et celle qui commence ainsi :

Rosette, pour un peu d'absence,
Votre cœur vous avez changé ;

n'est pas oubliée depuis deux siècles. A force de pureté et d'élégance, il semble quelquefois atteindre le naturel. La douce rêverie, la voluptueuse mollesse de ses meilleurs vers semblent appartenir à un poète de l'école de Parny :

Que de plaisir de voir deux colombelles
Bec contre bec, en agitant leurs ailes,
Mille baisers se donner tour à tour ;
Puis, tout ravi de leur grace naive,
Dormir au frais d'une source d'eau vive
Dont le doux bruit semble parler d'amour.

Un poète si gracieux devait inventer le mot *pudeur*. En effet c'est à Desportes qu'est due cette expression pleine de noblesse et qui remplaça heureusement le mot *vergogne*, emprunté aux Italiens.

Bertaut, évêque de Séez, succéda bientôt à la gloire poétique de l'abbé de Tiron : comme lui, habile dans l'art de cadencer des vers amoureux et de soupirer un ingénieux martyre ; il porta plus loin encore la correction, et la simplicité élégante du style. Mais il est fade dans la pensée, prosaïque dans l'expression, sans invention, sans verve, d'une politesse et d'une grace qui glacent le lecteur : enfin c'est le poète *trop sage*, que Ronsard, son vieil ami et son maître essayait en vain d'animer. Vous diriez le précurseur de tous ces beaux esprits dont on admirait, sous Richelieu, la langueur pastorale et les pointes ridicules. Comment tant d'audace s'est-elle changée en timidité ! tant de force en extrême faiblesse ! Qu'est devenue cette sève ardente de jeunesse, qui dévorait Ronsard, et produisait tant de fruits avortés, d'une saveur âpre et dure ? Bertaut veut imiter son maître, et sa veine glacée semble annoncer la décrépitude du talent poétique. Changement subit, qui trahit l'effet inévitable d'une maturité trop précoce, d'essais trop hardis, d'élans trop impétueux, enfin d'une énergie démesurée, suivie d'une lassitude profonde. L'enflure, le faux goût, l'exagération, défauts des littératures en décadence, avaient, par un singulier phénomène, marqué parmi nous la naissance de la poésie sérieuse : la débilité d'une littérature mourante devait en signaler le progrès.

Cependant le génie national n'est pas étouffé. Marot, Rabelais Villon, Montaigne, votre maligne verve ne pouvait s'éteindre. Ronsard lui-même avait cédé quelquefois, et comme malgré lui, à cette impulsion de la gaîté gauloise : il avait par exemple raillé très-vivement l'importance affectée des ministres de son temps ; « semblables, dit-il, à ces marmousets gothiques, qui, paraissant soutenir le faix d'une voûte, font une horrible grimace, et cependant ne servent à rien.... ; car (continue le poète, avec autant de sens que d'esprit), le poids de l'édifice porte sur de bons « piliers enfoncés dans la terre. » Nous avons vu Dubellay se moquer de Baïf, et Baïf, par un indigne emploi de l'épigramme, insulter le corps sanglant de Coligny. La plaisanterie du vieux temps s'est perpétuée sous la Ligue: elle va reparaître, avec plus d'énergie encore; gaie, mais terrible; légére, mais redoutable; pareille à cette Némesis riante, que les Anciens armaient du fouet vengeur : elle va devenir une puissance, au moment de la crise la plus violente des passions politiques.

Guise était mort sous le poignard des favoris, au pied du lit du Roi. Henri III avait péri sous le couteau d'un moine. Henri IV n'avait qu'une faible armée; l'Espagne, Rome, la faction Lorraine, se disputaient le droit d'imposer à la France un roi catholique de leur choix; la guerre était partout. Le curé *Boucher* sonnait le tocsin de son église, pour appeler le peuple aux armes. Une foule d'hommes enthousiastes, dénués de bon sens, mais non d'érudition, ni de cette éloquence cynique et mystique qui entraîne le peuple : les *Crespet*, les *Feuardent*, les *Rose*, les *Sainctes*, les *Hennequin* (1), prodiguaient les conseils séditieux, et comme le dit Montaigne, dans son style pittoresque, les *exhortations enragées*. Plusieurs de ces hommes avaient un talent fougueux; quelques-uns, comme *Génébrard*, une instruction profonde et variée; d'autres, comme *Jeannin* et le conseiller *Mathieu*, de la probité, des intentions pures et une bonne foi, égarée par l'ardeur de leur croyance. Cajétan, Panigarole, Bellarmin, venaient en France souffler le feu de la sédition. On parodiait, on détournait de leur sens les textes de la Bible, pour justifier le meurtre des rois. Les moines, la pertuisane sur l'épaule, conduisaient les enfans et les femmes en procession militaire. Le parlement décimé, malgré son héroïque constance, n'imposait plus aux factieux. Des milliers de plumes scolastiques attisaient la révolte, et le Béarnais, entouré d'un petit nombre de guerriers fidèles, épuisait dans des com-

(1) Auteur du *Panégyrique des deux martyrs* (les deux Guise).

bats glorieux et sans résultat sa valeur et sa prudence jusqu'alors inutiles.

Étrangers aux grands mouvements qui se passaient sous leurs yeux et qu'ils ne pouvaient arrêter; environnés de glaives sanglans, de crucifix devenus les étendards de la sédition, et d'un peuple qui mêlait des cris de rage aux prédications de ses chefs: quelques bourgeois et quelques gens de lettres, sans caractère politique, mais non sans courage, opposèrent à la fureur des partis la puissance du bon sens et du ridicule. C'étaient, comme on disait alors, de bons gaulois; véritables représentants de la bourgeoisie au 16e siècle. Chez eux s'unissaient à l'amour des fortes études celui des devis joyeux et le goût des plaisirs que leur offrait un repas frugal, assaisonné de dissertations et de bons mots. Caractères singuliers pour nous, mais communs à cette époque; figures antiques et naïves, railleuses et savantes, où se confondent les traits de Lucien et de Marot, de Rabelais et de Varron. Quelques-uns d'entre eux étaient poètes, comme *Gilles Durand*, écrivain trop peu connu; d'autres joignaient la poésie à l'érudition, comme *Jean Passerat*, et *Florent Chrétien*. On voyait dans cette réunion des gens de robe, *Jacques Gillot*, conseiller clerc du parlement, et le jurisconsulte *Pierre Pithou*, que nous connaissons déjà. *Nicolas Rapin*, prévôt de la connétablie, y tenait sa place; et le chanoine *Pierre le Roy* les recevait dans sa maison.

L'œuvre de cette réunion obscure, c'est la satire Ménippée; elle fut à la fois une comédie, un pamphlet, et un coup d'état. Cette satire fraye la route de Henri IV vers le trône; elle met au grand jour les prétentions de la Ligue, ses intentions secrètes, ses folies et ses crimes. Sans se contenter de disserter ou de parodier, elle fait agir et vivre cette grande conspiration: irrésistible satire; burlesque, populaire, fine et profonde: elle a quatre éditions en un mois: mêlée de vers légers, d'épigrammes piquantes, de pages éloquentes, de comiques parodies; tableau chargé, mais réel, des mœurs de l'époque, dont elle est le plus curieux monument; les politiques, les historiens, les gens de goût la consultent encore. C'est la dernière fois que l'on a fait usage de cette gaîté des bouffons de cour, de cette liberté de l'imagination satirique, employée par Rabelais, avec plus de désordre et des intentions moins spéciales. Là se retrouvent les habitudes, les manières, le style des personnages de la Ligue; là se confondent l'invective, la raillerie, l'allégorie, la raison. La vraisemblance seule manque à ce pamphlet, plein de vérité, composé dans le goût d'Aristophane, et dont l'exagération comique est le trait principal. Les plus jolis vers de la fin du 16e siècle s'y trouvent semés, et nul orateur de la même époque ne s'éleva jusqu'à une éloquence aussi mâle, aussi touchante, aussi naïvement patriotique, que Pierre Pithou, dans les morceaux admirables qu'il a fournis à cet ouvrage. Né de l'indignation caustique des classes intermédiaires contre les triples fureurs de la populace, des grands seigneurs et des ultramontains, il caractérise spécialement la fin de ce siècle gigantesque et confus, dont la première partie avait produit Gargantua et Pantagruel. De même que l'époque de François Ier s'est réunie et concentrée dans les poëmes en prose, créations bizarres de Rabelais: tout ce qu'il y a d'horrible et de ridicule dans les années où se développa la Ligue, vient se refléter dans la satire Ménippée.

Pour apprécier complètement cet ouvrage, il faudrait donner le long commentaire d'une continuelle allégorie, expliquer les traits de satire par l'histoire des acteurs; et, séparant ce qui appartient à chacun des écrivains qui y ont contribué, leur assurer ainsi leur part de mérite et de gloire; ce travail immense nous est défendu par le sujet même que nous traitons. L'idée première, qui transforme en deux charlatans le parti de Lorraine et celui d'Espagne, tous deux occupés à brasser le *Catholicon*, essence *Catholico-Jésuitico-Espagnole;* mêlée de poudre d'or, de pensions, de promesses, de belles paroles; bien alambiquée, bien calcinée, sophistiquée diversement par l'une et par l'autre faction, appartient à *Pierre Leroy*. Rien de plus ingénieux, ni de mieux employé que cette fiction populaire; rien qui saisisse plus au vif le ridicule de cette guerre civile, allumée par l'étranger. Lorsque ensuite, afin de préparer la tenue des États où la Ligue choisira son roi, on renouvelle la procession qui avait eu lieu trois ans plus tôt, c'est *Gillot* qui tient la plume pour la décrire. Qui ne connaît cette vive et comique peinture de la poltronerie des moines devenus soldats, de ce mélange de pédantisme universitaire, de folie fanatique et d'émotions populaires? Quel que soit le rédacteur de cette partie de l'ouvrage, on est porté à croire que tous les auteurs y ont contribué par leurs saillies. Le commencement du poëme d'Hudibras, qui retrace les mêmes bizarreries, est moins gai, sans être plus ingénieux ni plus animé.

Enfin, s'ouvrent les États de la Ligue. Vous diriez ce palais enchanté, dont les nuits arabes ont inventé la merveille, et dont plusieurs romanciers (1) ont fait un plaisant usage. Là, tout ce que les hommes cachent et dissimulent, on le dit tout haut; les tapisseries mêmes qui ornent la salle racontent les fureurs de la guerre civile et religieuse; le hérault qui convoque les membres de l'assemblée, fait connaître d'un mot les traits caractéristiques qui appartiennent à chacun d'eux; Aristophane est moins libre, Lucien moins acéré. Ils parlent, toute leur conscience se révèle à son propre insu : à cette piquante ingénuité qui leur fait faire la confession de leurs crimes et la satire de leur ambition, se joint la parodie du style et des idées habituelles des orateurs. Le duc de Mayenne, que le chanoine le Roy met en scène, avoue, avec ses ordinaires circonlocutions et son ton de spadassin dévotieux, la sainte ambition qu'il a de ruiner la France, et la peur que lui causent les armes d'Henri IV, et la perspective d'une paix possible. Le légat, agent de Rome, a soin de prononcer sa harangue

(1) Dufresny, Mad. de Genlis.

en italien : c'est Gillot qui en est l'auteur; elle ne respire que la guerre : *guerra! guerra*, répète-t-on de tous côtés! Ensuite le cardinal de Pellevé, ligueur ignorant et servile, voué à la maison de Lorraine, s'exprime en français et en latin, pour prouver sa science *in utroque*. C'est un amas de quiproquo vulgaires, de fautes de français et de latin, de vérités cruelles, revêtus de l'éloquence du *Malade imaginaire*. Si le savant *Florent Chrétien* n'était connu que par cette caricature de l'éloquence, son nom mériterait encore d'être conservé. L'archevêque de Lyon, orateur alors célèbre, succède au macaronique cardinal ; c'est *Nicolas Rapin* qui s'amuse à imiter le style emphatique et la véhémence furibonde de ce ligueur. Aussi franc que le duc de Mayenne, il élève jusqu'aux nues le délire de ses amis, et verse sur les horreurs qu'ils ont commises tout l'éclat du panégyrique. Le même Rapin se charge de vous faire connaître le recteur Rose, ancien prédicateur de Henri III, dont la tête n'était pas saine, et qui, différant d'opinion sur quelques points avec les chefs de la Ligue, leur avait souvent rompu en visière. Aussi, pour varier, le recteur Rose invective toute la Ligue, et couvre ceux mêmes qu'il sert, d'injures trop méritées. Un nouveau personnage, une espèce d'aventurier nommé Dérieux, vient à son tour représenter dans les États le parti de ces hommes d'épée, qui se battaient pour la cause sainte, comme des reîtres pour qui les paie. C'est encore à Le Roy qu'est due cette allocution, digne du soldat fanfaron de Plaute.

Enfin, d'Aubray, orateur du tiers-état, termine la séance, et résume tout ce qui s'est dit. Chef des politiques, homme sage et ami de son pays, il juge, avec le bon sens du peuple qu'il représente, les manœuvres, les prétextes, les complots qui viennent de se révéler tour à tour. Pierre Pithou est, comme nous l'avons dit, l'auteur de ce discours admirable, dont le sérieux contraste avec le reste de la satire, et en fait ressortir les intentions : il répond à tous les sophismes, dévoile tous les mensonges, et s'élève souvent jusqu'à l'éloquence la plus vraie. « O « France, dit-il! Paris qui n'est plus Paris, mais une véritable ca- « verne de bêtes farouches, asile des meurtriers et d'assassins étran- « gers, ne veux-tu plus te souvenir de ta dignité? Te guérir de cette « frénésie qui, pour un légitime roi t'a donné cinquante tyrans! Te « voilà aux fers de l'inquisition d'Espagne, plus intolérable mille « fois pour les Français, nés libres, que toutes les morts le seraient « pour les Espagnols? tu endures qu'on pille tes maisons, qu'on « te rançonne jusqu'au sang, qu'on massacre tes magistrats! tu le « vois et tu l'endures! tu le vois et tu l'approuves! et tu n'oserois « pas même ne pas l'approuver! »

Ce discours plonge l'assemblée dans la stupeur; on se sépare et la satire se termine par une description de quelques tableaux qui ornent l'escalier, description fort piquante, attribuée encore à Le Roy, et suivie d'épigrammes latines et françaises qui, selon les auteurs, se répandaient dans le peuple. Elles sont de Passerat, de Rapin, de Gilles Durand, auteur de la *Complainte de l'âne ligueur*. l'un des plus spirituels badinages de l'époque. On ne ménage dans ces vers ni le nez camus du duc de Guise; ni l'Infante d'Espagne, princesse *surannée et basanée*, qui voulait devenir reine de France; ni la double croix de Lorraine (1). La délicatesse et la décence ne sont pas les mérites distinctifs de ces bons mots rimés; mais en revanche l'énergie caustique et la verve bouffone n'ont jamais été poussées plus loin.

Parmi les écrivains qui firent entendre au milieu des guerres civiles une voix si hardie, Rapin, Durand et Passerat doivent être distingués. *Rapin*, poete français assez médiocre, homme savant, esprit caustique, passa une partie de sa vie à tenter d'introduire

(1) Les pamphlets allégoriques qui suivent la satire Menippée, très-inférieurs à cet ouvrage, appartiennent à d'autres auteurs. Les *Singeries de la Ligue*, par Jean de la Taille, méritent d'être citées parmi ces plaisanteries politiques.

parmi nous ces vers métriques dont Baïf avait essayé l'emploi. Gilles *Durand*, poète élégant, quelquefois maniéré, plein d'enjoûment et de grace, semble annoncer Voiture. Il se distingue parmi les poètes savants de ce siècle par l'invention d'une multitude de diminutifs, imités du latin, et abandonnés après lui. Plus célèbre qu'eux, *Passerat* réunit à un plus haut degré des qualités bien opposés : spirituel et érudit, grammairien profond et poète naif, c'est Marot devenu savant. Sa muse moqueuse s'exerce contre les maris, les femmes, les procureurs, les jaloux, les spadassins, les reîtres surtout, *soldats empistolés au visage noirci*, auxquels la fureur des factions avait ouvert la France. La Fontaine eût écrit sa fable charmante de l'*Homme métamorphosé en oiseau*, s'il n'y eût retrouvé son propre style, sa grace, sa bonhomie et sa finesse. Passerat offre le plus aimable et le plus piquant modèle de cette union du savoir, de l'abandon et de la malice; de ce caractère à la fois touchant, plaisant et ingénu, qui mêlait la plus folâtre humeur à une piété sincère envers l'érudition, la patrie, la religion.

Si des gens de lettres ont dépouillé tout à coup, au milieu des guerres civiles, tout l'attirail de la science, et oublié, pour écrire la satire Ménippée, tout leur grec et leur latin : que sera-ce de ces hardis capitaines, de ces hommes d'état, de ces chefs politiques, qui, ne voulant pas laisser en oubli les entreprises auxquelles ils ont eu part, se sont occupés de retracer eux-mêmes, encore tout émus et tout couverts de la poudre des camps, le tableau des succès et des revers de leur parti ?

Voici la portion la moins étudiée, la plus intéressante et souvent la plus éloquente de toute la littérature du 16e siècle. Qui n'a observé la marche intellectuelle de cette époque que dans Amyot et Ronsard, ne connaît qu'une faible partie de ses titres. Ouvrez Lanoue, Montluc, Tavannes ; c'est là qu'elle respire, qu'elle vit, avec ses idées propres et le genre d'éloquence et d'esprit qui la distinguent. Dans ces mémoires particuliers que leurs auteurs écrivirent, non pour briller parmi les gens de lettres, mais pour exprimer vivement et perpétuer leurs passions, leur caractère s'imprime avec cette force qui, sous les rides même du style, comme le dit Montaigne, nous frappe et nous émeut encore. Chacun de ces acteurs d'une scène sanglante se replie sur lui-même pour se défendre, s'excuser, s'expliquer, combattre les opinions adverses, raconter ses périls, développer ses raisons, peindre ce qu'il a vu, ce qu'il a osé, ce qu'il a souffert. Notre nation, par son penchant à raconter et son humeur un peu vaine, semblait prédestinée à produire les meilleurs Mémoires historiques. Joinville et Froissard n'ont pas écrit autre chose. Sous François Ier, le maréchal *de Fleuranges* fit avec une naïve vivacité le récit de ses campagnes. *Jean*, *Martin* et *Guillaume Dubellay* avaient aussi donné leurs Mémoires, simplement écrits, mais curieux, et dont Montaigne estimait le style, bien qu'il en contestât quelquefois la véracité. Quand la France se couvrit de bandes armées, quelques-uns des aventuriers qui les conduisaient prirent la plume : et ce vieux général *d'Estrées*, « que l'on voyait, grand de « taille, monté sur une grande jument, dit Brantôme, se tenir droit « à la tranchée, qu'il dépassait de la moitié de son corps, et là res- « ter tête levée au milieu des balles, comme s'il eût été à la chasse »; écrivait en quarante pages comment il avait pris dans sa vie plus de quarante forteresses. Bientôt *Montluc*, cadet de Gascogne, tour à tour protestant et catholique, d'une jactance soldatesque, d'une férocité sanguinaire, après avoir vendu aux divers partis ses services et sa barbarie, met à profit le repos de ses vieux jours et raconte ses exploits, pour l'instruction de la jeune noblesse de France. C'est l'exemple le plus étonnant de la terrible énergie de style, à laquelle peuvent atteindre la vigueur du caractère, et, si je puis le dire, la franchise du crime. Montluc ne se repent point de ses meurtres : il en jouit encore; il retrempe sa plume dans le sang qu'il a versé. « Aux guerres civiles, dit-il sans détour, il faut « être maître ou valet, vu qu'on demeure sous le même toit; alors

« il faut en venir *à la cruauté.* » Il part de ce principe, et vous le suivez avec terreur dans ses expéditions périlleuses, meurtrières, multipliées. Le farouche capitaine vous montre encore les cadavres de ses ennemis; c'étaient là *les enseignes qu'il laissait sur les chemins, pour tracer sa route.* Cet homme n'a de gaieté dans ses mémoires que lorsqu'il redit des massacres : partout ailleurs, c'est une fermeté, une impétuosité toute guerrière dans l'expression, une brusquerie de style, dont l'élan pittoresque est encore de l'éloquence.

A ce vieux capitaine qui se fit une vertu systématique de la férocité guerrière, opposons le protestant Lanoue, aussi brave et plus humain. Il nous a laissé, non-seulement des mémoires, mais des ouvrages philosophiques. Si Montluc a l'éloquence des brigands, *Lanoue Bras-de-Fer*, homme vertueux et candide, charme le lecteur par cette honnêteté d'ame qui respire dans ses écrits, par cette pureté d'intention qui lui dicte des accents pleins d'une audace vertueuse et exempts de cette énergie sanglante qui caractérise Montluc. Doué d'imagination, et de cet art ou plutôt de cet instinct qui fait vivre et agir les personnages et les récits, Lanoue, comme Henri IV, son ami, joint une sensibilité mobile et profonde à une gaieté expansive. Il composa, pour tromper les ennuis de sa captivité, des *Discours politiques et militaires*, remplis de savoir, quelquefois remarquables par le style. Là, il invoque sans cesse la tolérance; aussi le jésuite Possevin le nomme-t-il « un faux politique, rempli de l'astuce de Satan. » Pour nous, qui ne lui reprocherons que d'avoir cru, avec tout son siècle, à l'astrologie judiciaire; ravis de cette loyauté qui anime ses écrits, de son impartialité envers les catholiques et les protestants, de la candeur de ses jugements et de ce mélange admirable de rapidité, de hardiesse dans le style, et de sagesse dans la pensée : nous le placerons entre les hommes et les écrivains que la France doit le plus honorer. Catinat du 16e siècle, guerrier juste, toujours brave, souvent vainqueur, aussi téméraire à la guerre que sage dans la vie privée, conseiller de Henri IV après la mort de Coligny; ce grand citoyen, qui, en vendant ses terres pour équiper l'armée du roi, disait avec son énergie accoutumée : « Tant qu'une goutte « de sang et un pouce de terre me resteront, je les emploierai au « service du pays où Dieu m'a fait naître », est l'un des prosateurs les plus éloquents de cette époque, et mérite d'être classé, bien au-dessus de Bodin et de Charron, à peu de distance de Montaigne. Traversons rapidement cette multitude de mémoires, tous précieux pour l'histoire, alors même qu'ils sont diffus ou mal écrits : comme ceux de Tavannes, apologiste de son père et de la Saint-Barthélemy, panégyriste de Ravaillac et de la ligue, écrivain que distinguent une verve de prolixité et une audace de mauvais langage dignes de ses sentiments : et ceux de l'autre Tavannes, protestant, écrivain plus noble, plus impartial, serviteur fidèle de Henri IV, et qui se trouva vingt fois sur le même champ de bataille que son frère, mais dans le camp adverse.

L'histoire s'appuie sur ces matériaux précieux : elle ne dédaigne même pas les simples chroniques, comme le journal de l'*Étoile*, qui, pendant trente années de guerre civile, ne laissa point passer sans les noter un seul événement public, une seule particularité des débauches et des folies de la cour : comme la chronologie de *Cayet*, détestable écrivain, tour à tour catholique et protestant, dénué de critique et de style, mais annaliste minutieux. L'aventurier *Villegagnon*, qui écrivait un peu mieux, et qui ne craint pas de nous entretenir des faiblesses de Henri IV: le capitaine *Mergey*, « qui n'avait pas, dit-il, fait grande dépense au collége », et qui cependant intéresse par le récit de ses combats; le diffus historiographe *Mathieu; Pasquier*, qui, dans ses lettres, très-élégantes pour l'époque, a tracé une histoire presque complète des troubles contemporains, et dont les recherches sur l'histoire de France sont encore utiles; *Lapoplinière*, qui, après avoir passé sa vie dans les guerres civiles, mourut pauvre et laissa des mémoires trop languissamment écrits, mais pleins de modération et de liberté; *Régnier Delaplanche*, dont j'ai déjà parlé, auteur des commentaires sur l'état de la France, où se trouvent de si nombreuses singularités sur la vie des Guise et de Catherine de Médicis; *Pierre de la Place*, victime de la Saint-Barthélemy, que j'ai également nommé; *Carloix* surtout, rédacteur presque inconnu des mémoires de la Vieilleville, que la fraîcheur et la vivacité du coloris distinguent si éminemment : mériteraient à plusieurs égards une attention spéciale. La plupart de ces hommes représentent, ou une faction, ou une masse d'opinions. On ne peut voir en eux qu'une partie de leur siècle; mais on la voit tout entière. Ainsi, Lanoue représente ces amis de Henri IV, dignes de leur maître, protestants sévères et presque républicains; Montluc est le type de ces farouches capitaines, les Merle, les Desadrets, qui jouissaient des guerres civiles et versaient le sang pour satisfaire une rage de bête féroce : Tavannes est celui de ces grands seigneurs catholiques, ligués pour défendre la féodalité plutôt que la foi, pleins d'horreur pour la réforme, peu respectueux envers la monarchie, et ne sachant pas renoncer aux leçons de Machiavel. *Mornay*, autre ami de Henri IV, qui l'appelait à la fois *son écritoire et son capitaine*, doit être rapproché de Lanoue. Pape du protestantisme, comme on l'appelait alors, il nous fait connaître plus spécialement le mouvement religieux de cette secte, dont Lanoue représente les idées politiques et morales.

Certes, chez tous les auteurs de mémoires que je viens de citer, on aurait tort de chercher l'élégance apprise et le tour moderne des phrases. Leur simplicité vigoureuse et sensée, leur familiarité passionnée a cependant son mérite, et si le langage de la France avait acquis dans les collèges et le cabinet des savans plus d'abondance et de hardiesse, il se forma, s'assouplit, et s'enrichit mille fois davantage sous la plume des hommes pour qui l'expression juste et animée de leurs passions, ne fut pas le vain amusement d'un rhéteur, mais le premier besoin d'une ame fortement émue.

Les récits qu'ont tracés les hommes politiques de ce siècle, sont précisément ceux où nous avons le moins à apprendre. Dans les mémoires embarrassés et obscurs d'*Hurault de Chiverny;* dans les explications énigmatiques de *Villeroy;* et même, selon nous, dans les mémoires de *Castelnau*, assez purement écrits, exacts quant aux faits, mais remplis de réticences, et où se mêle, à une circonspection diplomatique, un louable amour de l'ordre : on chercherait en vain l'éloquence ardente ou grave de Lanoue et de Montluc. Ce caractère vague et effacé se retrouve dans la plupart des négociations de l'époque ; nous n'exceptons pas celles du président *Jeannin* et de d'*Ossat*, hommes honnêtes, mais dont le style n'est pas sans lourdeur, sans ambiguité, ni même sans emphase.

A cette époque, où chacun se livrait au besoin d'écrire l'histoire de ce qu'il avait remarqué, subi ou éprouvé; trois personnages, d'une singulière trempe d'esprit, fort différents par leur position, leur caractère et leurs mœurs, mais doués de l'amour des aventures et du besoin de les redire; firent à des distances de temps, que je n'ai pas besoin de signaler ici, leurs mémoires particuliers. L'un de ces personnages était sœur et fille de rois ; long-tems femme de Henri IV, dont elle abreuva la vie de chagrins ; spirituelle, voluptueuse, féconde en caprices, partageant la dépravation de la cour de Valois, mais trop passionnée pour être perfide : on reconnaît *Marguerite de Navarre.*

L'autre était un vieux gentilhomme ruiné, qui, après avoir fait la guerre et l'amour dans la plupart des pays de l'Europe, et servi six rois, s'amusait, au fond de sa retraite, à écrire confusément tout ce qu'il avait entendu dire pendant une existence longue, agitée et fort peu morale : c'était Brantôme. Le troisième, gentilhomme gascon, brave comme tous les gens de son pays, comme eux caustique, fanfaron, sacrifiant tout à un bon mot, hardi en amour et en guerre, d'ailleurs bon huguenot et d'une ame aussi ardente que son esprit et sa valeur étaient téméraires; traçait le tableau de ses folies sans trop les blâmer, et prétendait ainsi prémunir ses enfans contre des fautes de même espèce. C'était d'Aubigné, le grand-père de madame de Maintenon.

Les mémoires de *Marguerite;* apologie, trop inquiète pour n'être pas maladroite, d'une conduite fort équivoque: sont ce que le seizième siècle nous a laissé de plus remarquable dans le genre de la narration légère et badine. Marguerite ne prend rien au sérieux, elle se joue de tout: ses récits, qui souvent étincellent d'esprit, prouvent le savoir de cette reine bizarre, aussi studieuse qu'elle était dissipée; le style en est assez négligé, mais piquant.

Les mémoires de *d'Aubigné*, plus remarquables que les précédents, par la fermeté vive de l'expression, furent écrits sous le règne de Louis XIII. L'auteur était très-vieux; son style est jeune. Par les scènes qu'il retrace, par le ton et la manière, son ouvrage appartient indubitablement au seizième siècle, à la fin duquel il avait brillé. Esprit plein de force et de saillie, d'Aubigné n'est plus connu de nous que par quelques boutades d'humeur gasconne: c'est cependant un des prosateurs les plus énergiques, un des satiriques les plus vigoureux, un des poètes les plus francs de son époque. Sa vie politique et guerrière a nui à la gloire dont devait jouir l'auteur. Il écrit comme Saint-Simon écrivait plus tard, avec un abandon, une vivacité guerrière et une grande verve d'ironie. Dès que l'on a commencé la lecture de ses Mémoires, il faut les achever: le roman le plus animé n'offre pas plus d'intérêt. Tout ce qu'il y avait d'ardent, d'impétueux, d'étourdi, de singulier dans cette jeunesse gasconne et protestante, qui se pressait autour du panache blanc de Henri IV, se retrouve chez d'Aubigné; qui, à seize ans, faisait sa première expédition en chemise, dansait la Gaillarde devant le grand-inquisiteur (1), prêt à le condamner à mort;

(1) Le fameux Democharès.

s'échappait par une fenêtre, et, parvenu à se réfugier dans les domaines de Renée de France, venait s'asseoir aux pieds de la princesse, sur un carreau de soie, et improviser, encore haletant et souillé de poussière, un sermon sur le mépris de la mort, d'après la Bible et Sénèque. Le commencement de ces piquants mémoires est noble comme de l'histoire ancienne; et quand l'auteur retrace des combats, vous diriez la touche hardie et véhémente, le feu, la vérité qui distinguent Salvator Rose et le Bourguignon dans leurs tableaux d'escarmouches.

La Confession de Sancy, du même auteur, libelle que l'on ne lit plus guère, n'offre qu'un tissu de saillies indécentes et de personnalités. *Le baron de Feneste*, (dont le titre est grec, selon l'usage du temps) (1), est au contraire une des plus ingénieuses satires de mœurs que notre littérature possède. C'est pour la cour de Louis XIII et de Henri IV, ce que les œuvres de Rabelais sont pour la cour de François Ier, et la satire Ménippée pour la Ligue. Agrippa met en scène deux personnages : l'un, gentilhomme gascon, ridiculement vêtu, portant busc et fraise à dentelles, bottes à pantoufles, pourpoint de cinq couleurs, chausses plissées, contenant six aunes de taffetas; c'est le *Baron de l'Apparence*, son héros, véritable prototype de la fatuité fanfaronne, de l'humeur querelleuse et de la vanité comique, qui commençaient à régner, et préparaient de loin les marquis du siècle de Louis XIV. Il lui oppose un sage gentilhomme, vivant retiré dans ses terres, comme Montaigne dans les siennes. Esné (c'est le nom du sage) développe toute la folie du *baron*, en le faisant causer, et après avoir donné carrière à tous ses ridicules, lui prouve très-bien cette vérité historique, si lumineuse pour qui connaît notre patrie : « *que la France n'est malade* « *depuis long-temps, aux affaires privées et publiques, que de la* « *maladie de paraître.* »

Sans parler de l'*Histoire universelle* de D'Aubigné, écrite avec

---

(1) Φαίνειν. C'est le *Baron de l'Apparence*.

faiblesse et partialité, et où il est impossible de reconnaître la vivacité de sa manière et cette « liberté française, qu'il n'est pas « plus possible d'étouffer, dit-il, que d'enfermer le soleil en un « trou »; liberté dont lui-même usait avec excès : le grand poëme satirique du même auteur, intitulé les *Tragiques*, suffirait pour établir la réputation d'un écrivain. Mais la véhémence de ses attaques contre le catholicisme, et contre les mœurs des Valois ont rendu cet ouvrage extrêmement rare en France. Si nous ne l'examinons que sous le point de vue littéraire, nous y trouvons toute la fureur des passions empreinte dans le style, l'audace des expressions les plus hasardées, des peintures les plus révoltantes, beaucoup d'obscurité et de mauvais goût : mais une énergie sans égale, une verve de poésie, d'enthousiasme et de haine qui ne se sont peut être jamais confondus au même dégré chez aucun écrivain. Obscur, néologiste, irrégulier; d'Aubigné est cependant poète; l'exaltation de sa muse devient de la rage, lorsqu'il décrit les débauches de Henri III, et les massacres des protestans. S'élève-t-il jusqu'aux idées philosophiques? rien de plus mâle, de plus rapide, de plus expressif que ses vers.

> Financiers! justiciers! qui livrez à la faim
> Ceux qui, pour vous, font naître et conservent le pain!
> Par vous le laboureur s'abreuve de ses larmes;
> *Vous laissez mendier la main qui tient les armes!*

C'est D'Aubigné qui, à l'aspect des guerres civiles, s'écrie :

> Nous souffrons (malheureux!) des peines immortelles,
> Pour soutenir des grands les injustes querelles;
> Valets de tyrannie! et combattons exprès
> Pour établir le joug qui nous accable après!...
> Nos pères étaient *Francs;* nous qui sommes si braves,
> Nous laissons des enfants qui seront nés esclaves!

ces vers ne valent-ils pas les meilleurs sonnets amoureux de Bertaut?

Moins spirituel que d'Aubigné et que Marguerite, l'abbé de *Brantôme* a laissé de longs mémoires, beaucoup plus connus que ceux dont je viens de parler, et qui ne doivent cet avantage, ni à la décence, ni à la pureté du style, ni à la force de la pensée. C'est un continuel et servile écho de tous les bruits de cour et de ville, qui, depuis François Ier jusqu'à Henri IV, ont frappé l'oreille d'un courtisan curieux et causeur. Mal instruit, inexact, aimant à croire et à raconter le scandale, Brantôme est non-seulement indifférent au mal et au bien, mais il ne sait guère ce qui est vertu ni ce qui est vice. Il connaît le respect dû aux princes, la vénération due aux princesses; c'est l'unique science dont il se targue : morale pour les hommes, pudeur pour les femmes, ces mots, ces idées ne sont jamais entrés dans son esprit. Nul écrivain n'a été plus dénué du sentiment moral. Louis XI est le bon roi pour lui, lors même qu'il raconte ses cruautés; et, quand il détaille les nombreuses galanteries de la petite *bande de femmes* qui entouraient François Ier, ce sont encore les honnêtes et vertueuses dames de la cour. Sans réflexion, sans retour sur lui-même; d'une humeur à la fois frivole et soldatesque, d'une forfanterie toute gasconne quand il s'agit de sa naissance et de ses hauts faits, il voit tout et ne juge rien; il répète tout sans penser à rien; vrai perroquet de cour, et d'autant plus intéressant qu'il est moins profond, qu'il ne cherche à rien voiler, et que tout son siècle vient se refléter dans l'impudente ingénuité de son ouvrage. La mobilité de son esprit l'associe aux événements qu'il raconte: on le voit sensible aux malheurs de Marie-Stuart, frappé de la sévérité du vieux Montmorency, étonné de la grandeur romaine de l'Hôpital, charmé de l'héroïsme de Bayard. Quoique son style n'ait ni éclat, ni précision, il s'anime dans le récit des combats et dans celui des débauches: reproduit fort bien le caquet des courtisans et des femmes, et rend avec une vérité prolixe ces impressions diverses qui le dominent tour à tour, sans jamais lui inspirer d'estime pour le bien ni de haine pour le vice.

Ces nombreux écrivains (1), dont je n'ai du qu'esquisser le ca-

---

(1) La plupart n'ont pas publié leurs mémoires, qui n'ont paru qu'après leur

ractère et marquer le rang, doivent sans doute occuper une place importante dans la littérature du 16e siècle; et, par un étrange préjugé, ce sont les seuls que la plupart des rhéteurs aient oublié. Comme si toute la littérature émanait du collège, comme si l'art d'écrire n'était pas l'expression naturelle des passions et des idées! En quittant cette partie si intéressante de l'histoire intellectuelle de l'époque, on retombe avec peine au milieu de ces compositions factices que l'érudition avait mises en honneur. Suivons la marche du théâtre depuis Jodelle et la Péruse : nous ne reconnaîtrons que peu d'améliorations, que des progrès lents et incertains. *Filleul*, protégé par Charles IX, essaie, sans succès, de nationaliser la poésie pastorale : sa tragédie d'Achille, écrite avec emphase, est dénuée d'action. *François d'Amboise* imite de l'italien deux comédies : les *Néapolitaines* et les *Désespérades de l'amour*, pièces qu'il intitule *très-facétieuses* et qui ne sont que licentieuses. Les auteurs comiques et tragiques avaient à lutter, non-seulement contre le mauvais goût de leur temps, mais contre les acteurs privilégiés de l'ancien théâtre. Il n'existait pas encore en France une seule troupe de comédiens, régulièrement organisée pour jouer les pièces d'un nouveau genre. Les *Confrères de la passion* parcouraient encore les villes, où ils représentaient des pastorales de leur composition et des farces anciennes. L'un d'eux, *Jacques de Fonteny*, écrivait assez purement en vers. On voyait paraître une *Camma*, en sept actes, par *Jean-Dehayes*; un *Caïn*, par *Jean Lecocq*, sous ce titre ridicule : *L'odieux et sanglant meurtre, commandé par le maudit Caïn. Remords et sang d'Abel* y sont des personnages. *Roland Brisset* imitait de son mieux les tragédies de Sophocle. *Belyard*, auteur d'un mauvais drame, intitulé *le Guisien*, écrivait une pastorale où se trouvaient des vers

---

mort. Cependant, comme on a cru devoir observer le progrès réel, plus encore que le développement ostensible de la littérature, il a semblé que sans eux le tableau intellectuel de cette grande époque serait fort incomplet.

élégans (1). L'historien, ou plutôt l'historiographe *Mathieu*, publiait Vasthi, Clytemnestre, Aman, pièces barbares; et *Bertrand*, une mauvaise tragédie de Priam avec des chœurs. Parmi tant d'essais malheureux, la comédie et la tragédie faisaient cependant quelques pas. Robert Garnier, Monchrestien et Larivey doivent être cités avec honneur. La vie de *Monchrestien* fut malheureuse, coupable, et sa mort sanglante. On trouve des tirades énergiques dans ses *Lacènes* ou *Lacédémoniennes*, et sa *Marie Stuart* ou l'*Ecossaise*, qu'on a trop peu citées. Ce sont encore des déclamations vagues et vulgaires, mais où brillent de temps à autre des éclairs de talent.

Dans ce temps singulier, où le mouvement dramatique était partout, excepté sur la scène; *Garnier*, poète fécond, ne sut pas plus que Jodelle animer ses ouvrages d'un intérêt vraiment passionné. Mais il a, comme dit Ronsard, *une bouche tragique*, *un son mâle et hardi.* Servilement attaché à Sénèque et à Sophocle, il remplit ses tragédies, dont seize éditions furent publiées en vingt ans, de chœurs parasites et de tirades ampoulées: son mérite est d'avoir donné plus d'élévation, d'harmonie, de pureté au langage. L'économie dramatique n'a rien gagné chez lui: mais si l'on compare son style à celui de Jodelle, on comprend l'admiration que ses contemporains conçurent pour son talent. Dans la tragédie des *Juives*, la seule que Garnier ait inventée, une reine adresse au vainqueur (2) de son fils, cette supplication:

Vous avez subjugué maintes belles provinces,
Vous avez combattu les plus belliqueux princes
Et les plus redoutés; mais vous l'étiez plus qu'eux.
Tous ensemble n'étaient comme vous belliqueux.
Mais en vous surmontant, qui êtes indomptable,
Vous acquerrez victoire à jamais mémorable:
Vous aurez double honneur de nous avoir défaits,
Et d'avoir, comme Dieu, pardonné nos méfaits.

---

(1) Charlot.

(2) Nabuchodonosor.

LE ROI.

Le naturel des Dieux est de punir le vice.

AMITAL.

Dieu préfère toujours la clémence à justice.

Ce dialogue a de la vigueur et de la noblesse, et ces faibles efforts pour s'élever jusqu'à la majesté tragique, méritent des éloges: ajoutons que Garnier introduisit le premier dans le drame le retour régulier des rimes masculine et féminine.

Pierre de l'Arivey s'éloigne moins de nos bons écrivains comiques, que Garnier de Racine et de Corneille. Ses ouvrages, écrits en prose et dont l'action se passe en France, ne manquent ni de sel, ni de vérité dans l'observation, ni surtout de force dans l'intrigue. Montfleury, Régnard et Molière n'ont pas craint de puiser quelques données dans cet auteur qui peint assez bien des mœurs vives et grossières, et dont le dialogue est franc et rapide. Il s'embarrasse peu de la vraisemblance, accumule les incidents à la manière des Espagnols, et ne donne de mouvement à ses pièces qu'aux dépens de l'observation réelle des mœurs et des hommes. Mais il est naturel; et le vieux génie comique de la nation se montre encore chez lui, sous des traits souvent heureux. J'aurais à parler ici du fécond *Hardy*, s'il n'appartenait spécialement au règne de Louis XIII: l'intérêt du drame est plus vif dans ses ouvrages que dans ceux de Garnier, et l'art de combiner les effets du théâtre semble naître dans ses pièces. Son style, plus incorrect que celui de son prédécesseur immédiat, n'offre encore qu'une grossière parodie de la dignité antique : Corneille seul devait créer la tragédie, et rendre la comédie régulière.

Le grand mouvement de l'érudition, qui s'est étendu depuis le règne de François 1er jusqu'à la Ligue, et qui a puissamment servi les fureurs de cette dernière, va se ralentir un moment, après avoir donné une forte impulsion à notre théâtre, à notre poésie, à notre prose, à notre législation. *Henri IV* règne : élevé dans les prêches du protestantisme, nourri dans les camps, doué d'une éloquence toute française, il s'occupe peu des érudits et même des poètes. Son premier soin est de cicatriser les plaies de la France. D'Aubigné lui reproche durement de ne pas aimer les lettres. Malherbe, dans sa correspondance avec Peiresc, laisse percer la même accusation. « Jamais, dit le mauvais écrivain Olhagaray(1), Henri IV « n'aima le fleuretis d'un sémillant langage. » Certes il avait mieux à faire. Les routes plantées d'arbres, l'agriculture protégée, le canal de Briare ouvert, l'industrie encouragée, la manufacture des Gobelins établie, Saint-Germain embelli, le Pont-Neuf terminé, le Louvre continué, la fondation de l'hôpital Saint-Louis, valent mieux que la générosité de Henri III, qui donnait dix mille écus pour un sonnet. Lui-même écrivait et parlait avec une précision et une force qui auraient pu servir de modèle à la plupart de ses contemporains. « M. Duplessis, écrivait-il à Mornay, ou-« tragé par un jeune seigneur, j'ai un déplaisir extrême de l'outrage » que vous avez reçu, et j'y participe comme roi et comme votre » ami. Pour le premier, je vous ferai justice et à moi aussi. Si je » ne portais que le second titre, vous n'en avez nul, de qui l'épée » fût plus prête à dégaîner, ni qui y portât sa vie plus gaîment » que moi. Tenez cela pour constant ; qu'en effet je vous rendrai » office de roi, de maître et d'ami. »

La même brièveté familière et éloquente respire dans les allocutions de Henri IV à ses soldats, dans ses discours au parlement, dans ses lettres à ses maîtresses. Un bon roi fait naître de bons citoyens. On vit se grouper autour de lui Mornay et Lanoue ; *Sully*, dont les *Économies royales* ne sont pas sorties de sa plume, ou du moins n'attestent que la rigidité de ses mœurs, son noble dévouement à Henri IV et l'exactitude de son administration. Il se fait raconter les actions

(1) Histoire de Béarn.

de sa vie par ses secrétaires, et ce ne sont pas de grands écrivains. Barthélémy *de Laffemas*, contrôleur du commerce, auteur de plusieurs ouvrages d'économie politique, remplis de vues excellentes, remarquables par la simplicité du style, et peu connus, parce qu'ils ne sont qu'utiles; doit sortir d'un injuste oubli. Le premier, il indiqua clairement les sources de la richesse publique, provoqua l'uniformité du système des poids et mesures, prouva la nécessité des exportations, et demanda l'établissement de la manufacture des Gobelins. Idées supérieures à son siècle, comprises et approuvées par Henri IV, et que Sully dans son amour exclusif « pour le pastourage et le labourage, » avait quelquefois combattues.

Ainsi le génie de Henri IV dirigeait et animait une foule d'hommes généreux, et leur communiquait sa flamme bienfaisante, son ardeur pour les améliorations réelles. Citons spécialement un écrivain singulier, que le roi-citoyen honorait d'une affection de choix, et qui fut, si on peut le dire, son ministre de l'agriculture. C'est *Olivier de Serres*, patriarche des écrivains agronomes, celui qui, par l'ordre exprès du roi, introduisit la culture du mûrier en France. Seigneur protestant, devenu fermier au milieu des guerres civiles, il s'était constamment occupé de cultiver la terre que ses contemporains arrosaient de sang français. Après avoir pratiqué l'agriculture toute sa vie, il réduisit en système les résultats de son expérience, et publia *le Théâtre d'Agriculture, ou le Ménage des Champs*. Comme Montaigne, il est l'homme de son livre; sa bonhomie, souvent profonde et précise, devient pittoresque dans les descriptions des lieux qu'il faut choisir, des soins qu'il faut prendre pour favoriser la végétation et la fructification. Son juste respect pour l'agriculture va jusqu'à l'enthousiasme : rien n'est plus piquant, plus éloquent, ni mieux raisonné que les pages où il prouve la nécessité de rédiger et de publier la théorie de cet art, au lieu de se contenter de la pratique. La conclusion animée, par laquelle il lie ensemble et rattache l'un à l'autre les différents *lieux*, ou Livres de son ouvrage, et la péroraison du patriarche qui s'adresse à Dieu, pour que la culture des champs fleurisse toujours en France, portent le caractère de la plus haute éloquence. C'était le livre favori de Henri IV, qui tous les jours après son dîner s'en faisait lire quelques pages. La manière d'écrire d'Olivier se rapproche beaucoup de celle de Montaigne et de Montluc. C'est assez en faire l'éloge.

Tous ces écrivains contribuaient à enrichir le langage: chacun d'eux avait sa manière propre, ses constructions, ses tours, ses hardiesses spéciales. On faisait tout pour l'abondance et l'énergie du discours; très-peu pour la clarté, la pureté, le choix des mots. Les articles, employés plus régulièrement que pendant la première partie du 16e siècle, pouvaient se supprimer encore, dès que la brièveté de la phrase rendait l'expression plus forte. On usait de l'inversion avec la liberté la plus étendue: et l'ordre direct, souvent contrarié, produisait des effets de style, vifs et nouveaux, mais quelquefois obscurs. Chacun composait son style d'après sa pensée. Chacun inventait les mots qu'il fallait à son éloquence. Chez tous ces prosateurs, on reconnaît la nuance bien prononcée de leur caractère. Lanoue est sentencieux; d'Aubigné, rapide et vif; Olivier de Serres, ferme et périodique; Montaigne, bref et pittoresque. Souvent le verbe se plaçait à la fin de la phrase; et l'on imitait cette suspension de sens, que les Romains admiraient chez leurs orateurs.

Hardi, libre, passionné, vigoureux, mais souvent confus; le style, à la fin du 16e siècle, se ressentait à la fois de l'imitation de l'antiquité et de la liberté des guerres civiles. Plus tard, lorsque la société française changea de forme et devint une monarchie absolue, tempérée par la grace des mœurs, l'empire de l'honneur et celui des femmes: le langage et la littérature reçurent une empreinte nouvelle; tout se soumit, dans l'art d'écrire

20.

et dans la vie civile, à la convenance et au bon goût. Notre langue devint une langue de choix, d'élégance, de simplicité et de raison. Le parler naïf, bref, vigoureux, coloré des Montaigne et des Lanoue, fut dès-lors une langue morte, distincte de celle des Racine et des Pascal par ses défauts comme par ses qualités. La sociabilité française; l'heureux tour des conversations du grand monde; le ton léger et facile de la cour, pénétrèrent dans le style: enfin la littérature du 17e et du 18e siècle; l'idiôme lucide, noble, élégant, que l'Europe adopta dans ses relations; ne ressemblèrent pas plus à la littérature et à la langue de notre pays au 16e siècle, que la France de Charles IX et de Henri IV n'était cette brillante patrie de Louis XIV et de Condé.

En indiquant les contrastes, ne négligeons pas les ressemblances. L'influence classique se perpétua: le génie caustique de Villon et de Marot; la pénétration satyrique de Rabelais survécurent à toutes les révolutions. L'imitation de l'Italie nous engoua long-temps du sonnet, que nous adoptâmes: celle de l'Espagne domina toute la première moitié du 17e siècle. Comme un fleuve qui se grossit sur sa route du tribut de plusieurs ruisseaux, et traverse des plaines, des rocs, des pays sabloneux et des couches d'argile, change plusieurs fois de couleur et rétrécit ou étend le lit où il s'écoule, sans changer de nom ou même de nature: le progrès intellectuel des peuples, en subissant de perpétuelles métamorphoses, ne perd jamais entièrement le caractère, ni de sa tendance primitive, ni des modifications principales qui l'ont altéré sur sa route. Ainsi, nous avons tenté de prouver comment le génie primitif de la France, en recevant, pour ainsi dire, dans son sein plusieurs influences étrangères, se les est assimilées ou s'y est asservi; et si l'on veut examiner avec attention le progrès des doctrines littéraires et leur variation parmi nous, on verra que Ronsard, Montaigne, Rabelais, n'ont pas été sans influence sur les productions des temps postérieurs, quoique ces productions n'offrent au premier coup-d'œil que des traits étrangers ou contraires à la littérature du 16me siècle.

La stabilité de la monarchie se préparait sous Henri IV; et la fixation du langage, (qui devait s'accomplir, de 1630 à 1640, sous la plume de Descartes, de Balzac et de Patru, sous les auspices de l'Académie française), s'annonçait par de faibles tentatives. Pasquier avait déja signalé le mauvais goût de l'éloquence du barreau. *Mangot* et *Despesses* essayèrent d'y faire renaître la simplicité de la diction : orateurs arides, mais qui du moins ne sont pas ridicules. D'Aubigné, H. Estienne, et avant eux Rabelais et Érasme avaient raillé les prédicateurs. *Fenoillet*, appelé à Paris par Henri IV, ramena dans une route moins barbare le plus noble des ministères. Au sein de la Savoie, le bon *François de Sales* prêtait aux pensées les plus touchantes un langage plein d'onction que Fénélon imita, et dont l'Evêque Du Bellay, (1) corrigea plus tard la prolixité. *Blaise de Vigenère*, infatigable traducteur, partisan de la Ligue et de l'alchymie, remarquait le premier la nécessité d'imposer des lois fixes au langage, qu'on laissait, dit-il, *aller à vauderoute*. *Coëffeteau*, autre traducteur, qui a joui long temps d'une célébrité supérieure à son mérite, se faisait remarquer par une certaine pureté. *Bergier* publiait son excellente histoire des grands chemins de l'empire romain, qui manque d'ordre et qui, si on l'abrégeait de moitié, s'enrichirait de tout ce qu'elle aurait perdu. *Nicot*, auquel l'Europe doit l'usage de la Nicotiane ou du tabac, perfectionnait le vieux dictionnaire d'un nommé Rançonnet, et publiait son *Trésor de la langue française*, précieux pour la connaissance du langage au 16me siècle. *Vital d'Audiguier* traduisait assez élégamment l'espagnol. Enfin, *Simon d'Olive* et *Duvair* s'appercevaient comme Vigenère du désordre qui s'introduisait dans le style par la confusion de tous les genres et l'imitation de toutes les langues,

(1) Camus.

ils réclamaient au nom du goût contre ce mélange de bassesse et d'extravagance, contre cette habitude scolastique d'exprimer des idées vulgaires par des mots emphatiques, des pensées exagérées par des phrases communes.

Pour avoir senti ce défaut, *Duvair* fut regardé comme un orateur éloquent et un grand critique. Cependant ses traductions que l'évêque Huet admirait, offrent de bien faibles traces de perfectionnement. Les latinismes ridicules que Rabelais avait raillés : *Contumélie*, pour injure; *cogitation*, pour pensée; *sponsion* au lieu de pacte; un homme *macilent;* au lieu d'un homme maigre; ces expressions prodiguées par Duvair, prouvent qu'il est loin d'avoir connu le premier le véritable caractère de notre langage. Cependant il est plus facile de donner des avis que des exemples : son *Traité de l'éloquence française et des raisons pourquoi elle est restée si basse*, renferme des leçons utiles, et dont les écrivains ont essayé de profiter après lui, pour *dénouer*, comme il le dit, *la langue française encore en enfance.* La noblesse de style qu'il conseillait, sans pouvoir se l'approprier, fut, quelques années après devinée et exagérée par le périodique Balzac, qui commence la série des auteurs du 17e siècle, et qui n'appartient plus à nos observations.

Guillaume Duvair avait à peine préparé, par son traité didactique, la réforme qui devait avoir lieu, lorsqu'un autre écrivain du même temps vint exercer, sur la première partie du siècle suivant, une influence, selon nous, beaucoup plus vive. Il occupe, au commencement de cette époque, à peu près la même place que le seigneur Des Essarts vers le commencement du seizième siècle.

Sous François Ier, les grandes aventures de guerre et d'amour étaient la perfection idéale que les courtisans se proposaient. Sous le règne paisible de Henri IV, la galanterie et la politesse composèrent, si, j'ose le dire, une sphère nouvelle d'idées élégantes, jusqu'alors inconnues, et dont tous les esprits étaient charmés. Ce fut là l'origine de cette fade et immense épopée pastorale que le seigneur d'*Urfé* publia sous le nom d'Astrée, et qui fit, pendant cinquante ans, la folie de la France. Si, dans les Amadis, on trouve l'excès du merveilleux chevaleresque; l'Astrée offre l'extravagance de la politesse la plus raffinée, et le point extrême de la délicatesse amoureuse. Monotonie des tableaux, fadeur des sentiments, accumulation d'épisodes: voilà tout ce que nous y découvrons aujourd'hui: mais le style, bien que mêlé de mauvais goût, de pointes, de subtilités, d'emphase; s'éloigne, comme le remarque très-bien Pasquier, de l'école de Duperron et même de Duvair. Il est périodique, souvent harmonieux; Balzac lui-même semble quelquefois l'avoir pris pour modèle. Le héros de l'ouvrage est devenu immortel (1): c'est le type générique des amants langoureux. Ainsi, *Machiavel*, cinquante années plus tôt, nous avait donné le *machiavélisme*; *Lambin* le mot *lambiner*; et ce bon jésuite, immortalisé par Pascal, fit naître, quelque temps après, *l'escobarderie*, qui n'a point perdu sa valeur.

Dans la poésie, Bertaut et Desportes régnaient encore, et Ronsard n'était point déchu de son trône, lorsque deux hommes du génie le plus différent parurent à la fois sur la scène et vinrent illustrer le règne peu littéraire d'Henri IV. L'un représente dans toute sa franchise la vieille causticité française, avec sa verve, ses saillies, sa licence, ses tournures naïves, quelquefois délicates, toujours spirituelles. L'autre offre le modèle du goût classique dans sa pureté: profitant de tout ce que l'école de Ronsard a fait pour enrichir et ennoblir la langue; rejetant toutes les hardiesses téméraires qui l'avaient compliquée; esprit rigide, laborieux et analytique, sévère pour lui même comme pour les autres: il vient créer l'art du style, le choix des paroles, l'harmonie jusqu'à ce moment inconnue, des images, des idées et des mots. Ces deux hommes sont *Régnier* et *Malherbe*.

(1) Céladon.

Mathurin Régnier, bourgeois de Chartres; homme de plaisir et fort négligent dans sa vie privée, doué de la nonchalance d'un ancien *Trouvère*, et de la plus insouciante audace; vrai successeur de Villon, de Marot, de Rabelais, de Montaigne : transmet à La Fontaine, qui semble un auteur du seizième siècle, jeté par hasard dans le dix-septième, la tradition de cette moquerie française, légère et effrontée, vigoureuse et familière.

L'autre, par la netteté de son esprit, la sévérité de sa raison, déblaie, pour ainsi dire, le Parnasse, encombré, depuis Dubellay, de ruines grecques et latines; et fraie la route à Racine et à Corneille. Entre ces deux hommes, qui d'ailleurs furent ennemis pendant leur vie, il n'y a que des disparates, et pas un seul point de rapport. Tous deux ont fait époque : Malherbe seul a fondé son école.

Cette verve énergique et facile que Montaigne, d'Aubigné, Montluc, de Serres, Lanoue, ont portée dans leur prose : le bon Régnier (c'est ainsi qu'on nommait ce précurseur de La Fontaine) l'a portée dans ses vers. Là, comme dans une galerie de portraits, se trouvent dessinés avec une fougueuse vérité de pinceau tous les caractères de l'époque; ils vivent, ils agissent, vous les reconnaissez. Voici le fanfaron de Gascogne, que d'Aubigné n'a pas épargné; si redoutable aux belles, aux amants et aux maris; plein de jactance et de vanité dans son langage, de ridicule dans sa parure : ce spadassin,

Au feutre empanaché, relevant sa moustache,

parlant *baragouin*, et vous serrant la main, quand même il ne vous connaîtrait pas. Voici la dévote, Tartuffe femelle, vicieuse en sûreté de conscience, précepteur de libertinage, et qui pense :

Qu'un péché que l'on cache est moitié pardonné,

Elle est venue,

A pas lents et posés,
La parole modeste, et les yeux composés,
Entrant par révérence et resserrant la bouche.

ne reconnaissez-vous pas le vice même sous le masque de la vertu?

Celui-ci, dont le rabat est sale, et la mine chétive: c'est un poète;

....du moins il le veut être.

Il vous accoste:

Monsieur, je fais des livres,
On les vend au palais; et les doctes du temps,
A les lire amusés, n'ont d'autres passe-temps.

quelle vivacité mordante? Molière et Boileau n'ont pas mieux observé, ni donné à leurs portraits plus de couleur et de saillie. Cynique tour à tour et voluptueux, Régnier a souvent le doux abandon de Marot et la grace de Desportes; il peint en vers enchanteurs,

Bérénice la belle
Qui semble contre amour si fière et si cruelle;

sa muse alors a de la mollesse et de l'abandon: puis, suivant les caprices d'une inspiration toujours mobile,

Sa verve assez souvent s'égaie en la licence (1).

Les beautés de style, naïves, soudaines, originales, étincellent dans ses ouvrages comme dans les pages de Montaigne: c'est le même abandon; c'est la même énergie et la même souplesse. C'est surtout la même franchise impétueuse dans l'expression de la pensée, et le même dédain pour la servitude des règles.

Régnier, génie fécond et original, avait laissé dans ses vers plus d'une incorrection: les enjambements forcés et le choc désagréable des voyelles déparaient quelques-uns de ses morceaux les plus remarquables. La solennité manquait à la poésie: Ronsard l'avait guindée sur des échâsses grecques; Desportes s'était contenté de la

(1) Régnier.

soutenir au niveau de l'églogue et de l'élégie. La cour était toute gasconne; les imitateurs de Dubartas pullulaient encore. Alors un gentilhomme de Normandie, *Malherbe*, vint accomplir cette réforme que Dubellay avait annoncée, que tant d'écrivains effrénés avaient tentée maladroitement; et prêter enfin à la langue française la majesté simple et grandiose des langues anciennes. A cette entreprise il consacra toute sa vie; après la foi catholique, rien ne lui était plus à cœur que la correction du discours. D'un esprit droit et persévérant, les caractères de son génie étaient l'ordre, la clarté, la dignité: c'étaient ceux que, depuis cinquante années, la poésie française avait inutilement cherchés. Déja riche de verve et de grace, mais confuse et sans règles, elle était restée comme suspendue entre le pédantisme et la grossièreté, la trivialité et l'emphase. Malherbe comprit que, sans un choix sévère de mots, de tours et d'expressions, elle ne serait jamais distincte de la prose. Alors, si l'on peut se servir de cette image commune, il *passa les paroles au crible*, et les sépara, les classa, règla leur emploi, avec toute la rigidité d'un grammairien. Le pompeux néologisme de Ronsard n'eut pas d'ennemi plus redoutable: vous diriez un prince économe dont les réformes austères réparent le tort fait à l'État par la somptuosité de ses prédécesseurs. Le style lyrique est enfin trouvé: la gravité et la majesté s'unissent à l'énergie; les hiatus, les enjambements d'un vers sur l'autre sont à jamais bannis par ses scrupules.

Voilà l'œuvre accomplie par ses longues veilles, sa rigueur, son despotisme. Avant lui, on avait étudié les Anciens. Ronsard avait inventé ou emprunté aux Grecs la plupart des formes de l'ode: mais son langage bizarre, mêlé de patois et de grec, devait tomber dans le ridicule, dès que la langue française se serait développée. Ce moment arriva : Malherbe sut le saisir. Comme tous les réformateurs heureux, il vit le mouvement général de la littérature vers une élocution plus pure et des formes de style plus nettes; il s'empara de cette occasion, poursuivit son entreprise avec une opiniâtre vigueur de bon sens; *dégasconna*, comme dit Balzac, la cour et la ville, et, à force de tyranniser les mots et les syllabes, fonda les doctrines sévères, auxquelles tant d'hommes de génie asservirent ensuite leur force. Observons que cette rigueur et cette chasteté nouvelles s'accordaient merveilleusement avec l'établissement monarchique, le règne des bienséances, qui prenait chaque jour plus d'autorité, et l'étiquette sociale, qui succédait aux mœurs joyeuses, savantes, bourgeoises ou débauchées du temps que nous venons de parcourir.

Cependant, un crime, appartenant tout entier aux fureurs du seizième siècle, signale les premières années du dix-septième: Henri IV meurt sous le poignard d'un homme vulgaire que dévoraient les flammes expirantes de la Ligue. On a déja remarqué (1) que, dans tous les discours prononcés après la mort d'Henri IV, il se trouve, malgré le peu de talent des orateurs et leur pédantisme sauvage, quelque passage éloquent et pathétique. A l'aspect du cadavre sanglant de ce bon roi, la verve des poètes s'anime; la vieille langue d'oc se réveille, et *Goudouli* devient sublime. La muse latine de Bourbon (2) a, pour maudire l'assassin, d'admirables accents. De Thou, continuant son histoire, s'élève, en rappelant le forfait qui a privé la France de son père, à l'éloquence la plus haute. Une femme, la princesse *de Rohan*, trouve, dans une élégie peu connue sur le même sujet, la plus touchante dignité de style, la sensibilité la plus pénétrante. Telle est, ne craignons pas de le répéter, l'influence des émotions profondes; en passionnant le langage, elles l'épurent.

Tout va changer: à cette époque féconde et orageuse va succéder une époque de culture paisible, d'ordre et de régularité. Au

(1) Thomas (*Essai sur les Éloges*.)

(2) *Diræ in parricidam*.

moment où nous nous arrêtons, tous les germes déposés au sein de la littérature sont prêts à éclore à la fois; tous les éléments qui se sont combattus vont se classer. L'érudition devient utile: le théâtre, faible encore, s'anime avec Hardy d'un pathétique plus vif: la chaire n'est plus profanée: tout ce que la langue française possède de richesses n'attend plus que des mains habiles et laborieuses pour leur donner l'ordre et l'ensemble qui leur manquent. Ce perfectionnement ne tardera pas à s'opérer. *Lingendes*, *Rotrou*, *Mairet*, *Corneille*, sont nés. *Balzac* se forme à l'école du rival sévère de Mathurin Régnier. C'est de ce précepteur rigide que date le nouveau mouvement littéraire : c'est de lui seul qu'émane cette grande école du dix-septième siècle; et, pour compléter cet essai, si le caractère spécial et les titres de ce réformateur n'avaient pas dû y trouver leur place, il nous eût suffi de le terminer par les simples mots du poète :

Enfin Malherbe vint.

FIN.

www.ingramcontent.com/pod-product-compliance
Lightning Source LLC
Chambersburg PA
CBHW052102090426
42739CB00010B/2287
9782011853943